좋아하는 것을

끝까지 지켜내는 것이

민주주의다

# 광장 Playlist: 덕질 Edition

1열 본능 덕후들의 민주시민 입문기

# FROM FANDOM TO FREEDOM

## 팬덤에서 자유로

글쓴이 천둥

## 일러두기

1. 인터뷰 시점은 2025년 3월부터 4월이고, 일부 서울 인터뷰는 5월에도 이어졌습니다. 인터뷰마다 약간의 시간 차가 있으며, 구성상 순서를 변경한 것도 있습니다.

2. 덕후들을 인터뷰한 글이므로, 덕후들이 흔히 쓰는 용어를 그대로 사용했습니다.

3. 따로 출처를 밝히지 않은 사진은 저자 또는 인터뷰이가 찍은 것입니다.

4. 일론 머스크의 트위터 인수 이후 정책 변화 등에 반발하는 의미로 덕후들은 '엑스(X)'가 아닌 트위터라는 명칭을 그대로 사용하고 있어, 엑스는 트위터로 통일합니다.

FROM
FANDOM
TO
FREEDOM

# 추천글

내란의 밤 우리는 모두 깜짝 놀랐다. 21세기에 이런 일이?

그리고 내란의 광장에서 우리는 더더욱 놀랐다. 이런 사람들이 나온다고?

형형색색의 응원봉과 다종다양한 깃발을 들고 나온 덕후들.

그들은 우리 사회 아웃사이더가 아니라 명확한 세계관을 가진 전문가였다.

그들은 깊이있는 덕질로 우리 사회를 파헤쳤고, 바로잡기 위해 나섰다.

상상조차 못했던 덕후들과 광장의 만남은 그렇게 우리 세상을 뒤집었다.

그들이 말하는 광장. 한번쯤 들어볼 만하지 않은가!

맘 편히 덕질하고파 광장에 나왔다며 웃는 얼굴이 기억에 남는다.

정제된 언어가 아니어도 충분히 우리 사회에 대한 애정이 느껴진다.

그들 또한 당연히 우리 사회의 구성원이고 우리의 미래이다.

그들과 함께 '다시 만날 세계'를 가늠해본다.

양경수(민주노총 위원장)

지난 6개월간 우리가 광장에서 만난 사람들은 누구인가. 2024년 12월 3일 윤석열의 비상계엄 선언 이후, 우리는 같은 마음으로 광장에 섰으나 원래 우리의 일상은 다양하였다. 누군가의 딸이자 아들이었고, 직장인이자 활동가였으며, 퀴어, 페미니스트, 청소년, 장애인, 학생이었다. 또한 게임, 애니메이션, 가수를 좋아하는 덕후이자 창작자였다. 이 책에서는 광장으로 뛰쳐나온 스무일곱 명의 삶들을 만나 덕질이 정치와 어떻게 연결되는지 보여준다. 그 둘이 어떻게 연결되냐고 묻는다면 '열정'과 '희망'이 고리일 거라 답하겠다. 따로 또 같이 광장에 섰던 평범하지만 특별한 우리들의 뜨거운 이야기를 일독해 보시라.

야옹선생 박지영 (인도주의실천의사협의회, 대전 민들레의료복지사회적협동조합 동네의사)

●

깃발을 들었던 이들이 누구였는지, 그 마음은 무엇이었는지를 가까이서 마주할 수 있는 드문 기록이다. 응원봉과 깃발이 함께 나부끼던 그 거리에서 덕후들은 침묵 대신 연대를 선택했다. 이 책은 그들이 취향으로 쓴 정치의 언어이자, 거리에서 탄생한 새로운 시민 주체의 기록이다. 덕후가 사적 공간과 세계에 산다는 편견을 불식시키고 공감을 부르는 책이 될 것이다.

윤자영(충남대학교 경제학과 교수)

●

2024년 12월 3일, "아닌 밤중에 계엄"이라는 민주주의의 근간을 뒤흔든 극악무도한 사태가 벌어졌다. 비정상을 정상으로 돌려놓기까지, 마음을 짓밟히고 상처 입은 시민들은 불안으로 점철된 불면의 밤을 보내야 했다. 국회 앞에서, 광장에서 혹은 거리에서 추위에 아랑곳하지 않고 내란세력을 향한 가열한 투쟁을 멈추지 않았다. 무릇 세상의 후미진 자리에서 저마다 고요히 빛을 밝히는 우리들이 있었기에 정의로운 연대의 힘은 막강할 수 있었다. 특히 형형색색의 응원봉을 치켜든 MZ세대의 대거 등장은 반갑기 그지없었고, 더불어 각양각색의 깃발을 든 덕후들의 출몰은 신명 그 자체였다. 요컨대, 극진함으로 민주주의를 수호하고, 인류애의 실천을 위해 기꺼이 정의의 편에 서는 용기 있는 덕후들의 모든 덕질은 옳다.

김채운(시인)

●

요즘처럼 팍팍하고 힘겨운 시절에 뭔가를 좋아한다는 것은 그 자체만으로 삶의 원동력이 된다. 그냥 좋아하는 것도 아니고 미치도록 좋아하는 것, 마음 깊이 사랑하는 것이 있다면 내 일신의 안락함을 초월해 그 이상의 것을 추구하고 그것을 위해 용기를 낼 수 있는 힘을 만들어낸다. 나보다 더 사랑하는 것을 바라보는 경이로운 경험은 인간을 인간답게 만든다. 가끔은 평범한 사람을 영웅으로 만들기도 한다. 깊은 사유와 정의로운 마음, 우정과 연대의식을 기반으로 타인과 맺는 관계, 잘못을 비판하고 실천할 수 있는 감수성, 세상을 좀 더 치열하게 살아보고자 하는 열정, 부조리에 가만히 있지 않으려는 저항정신, 다양성과 소수자성을 존중할 줄 아는 관용의 태도. '덕후'들은 그런 힘을 가진 사람들이다. 2024.12.3. 불법계엄 이후 광장에서는 사랑하는 것을 지키기 위해 뛰쳐나온 수많은 덕후들의 활약이 어느 때보다 밝게 불타올랐다. 이 기록을 통해 광장을 빛낸 덕후들의 이야기가 많은 사람들에게 알려졌으면 좋겠다. 사랑하는 것을 이웃과 향유할 줄 아는 사람들의 삶에 진정한 평안과 행복이 깃들기를.

김후주(농사 덕후, 트위터 향연)

●

대전 은하수네거리, 스스로가 빛을 내어 은하수가 되었던 이들을 기억하고 기록해 주신 작가님과 광장 동지들에게 존경과 감사의 인사를 드립니다. 저마다의 깃발과 응원봉으로 뜨겁게 광장을 지킨 이유는 사랑이었습니다. 그 대상이 무엇이든지요. 소중한 것을 지키는 많은 분들이 덕질과 협의 세계를 알려주신 덕에 은하수네거리는 늘 풍성하고 아름답고 벅찼습니다. 집회를 마무리할 때 펄럭이던 깃발들의 춤, 반짝거리던 응원봉과 눈빛들, 재치 넘치는 피켓과 집회 아이템, 그리고 순수한 열정은 고된 투쟁과정에서도 모두에게 큰 힘과 용기를 주었습니다. 이 아름다운 항쟁의 힘이 내란청산과 사회대개혁의 기치 아래 지속적으로 이어지길 바랍니다. 투쟁의 광장에서 또 만납시다. 투쟁!

신윤실(투쟁덕후, 대전윤석열정권퇴진대전시민대회 사회자,
내란청산·사회대개혁 대전운동본부 상황실장)

# CONTENTS

추천글 004

프롤로그 012

## 1부 대전, 빛의 광장에서 덕후를 만나다

### 1장. 민주주의 입덕

1. 이제는 록을 할 때가 되지 않았나 019
   인디밴드 덕후, 링고
2. 존엄한 인간으로 존재하는 것, 그것이 나의 '운명' 027
   게임 '데스티니' 덕후, 츠네모리
3. 우리가 할 일은 오직 살아가는 것 034
   핑크 덕후, 핑크공주
4. 우리를 광장에 두고 가지 마세요 042
   우사기 덕후, 평화
5. 잡덕의 연대를 아십니까 050
   TRPG/ 애니/ 만화/ 역사/ SF소설/ 생명공학 덕후, 빨강망토치즈
6. 자캐 앞에 한 점 부끄럼이 없기를 057
   자캐 덕후, 유정

1열 본능 덕후들의 민주시민 입문기

FROM FANDOM TO FREEDOM

팬덤에서 자유로

## 2장 민주주의 뉴비


7. 노오력하는 이들에게 다정한 정치를 065
철인3종 덕후, 진명

8. 저들이 만든 거야, 벼락활동가로 073
무협소설 '화산귀환' 덕후, 무릎

9. 일상정치의 꾸준함을 어찌 당할 것이냐 080
2.5D 뮤지컬 '도검난무' 덕후, 경세

10. '나'로 당당히 광장에서 만나요 088
목성/ 게임/ 마작/ TRPG/ 일본어/ 문어/ 아이브/ 케이윌 덕후 시우

11. 하현우가 틔워준 목청으로 외친다, 사람으로 존중해 달라 096
국카스텐 덕후, 앙스트블뤼테

12. 삶이 덧없을지라도, 광장에서 깃발로 답할 것이다 104
게임 '소녀전선' 덕후, 홍가

13. 널브러졌다가 또다시 광장에 나오는 이들에게 111
애니 '프리큐어' 덕후, 돌푸딩

## 3장. 민주주의 고인물

14. 민주주의 사회에서 자랐으니 광장에 나가는 건 당연해요 119
과학소설 덕후, 정한새

15. 이번 광장은 전환점, 평생 죽는 순간까지 투쟁해야 한다는 걸 알았어요 126
한복 덕후, 춘류

16. 청소년이 집회에 왔다고 기특해마세요, 우린 당신의 동지예요 134
뮤지컬 덕후, 설탕

17. 내일도 만나요…탄핵 집회가 알려준 살아야 할 이유 143
농담곰 덕후, 최서희

18. 광장의 사랑도 조건 없이 먼저 마음을 내어주는 것 151
'생명들' 덕후, 김나희

19. 광장에서 엿본 천국을 투쟁으로 함께 이루고 싶어요 160
슬램덩크 덕후, 묵음

## 2부 서울, 빛의 광장에서 덕후를 만나다

1. 광장의 전설 '불꽃남자 정대만' 169
슬램덩크 덕후, 이영걸

2. 당신의 정치 판타지는 무엇입니까 176
2차 창작물 '지독한 후플푸프' 덕후, 바람

3. 도저히 두 사건을 겪기 전으로 돌아갈 수가 없어요 183
뮤지컬/ 차/ 게임/ 소설/ 문화유산 덕후, 스콘

4. 동지들이 있는 곳에 있을 때, 내가 나라고 느껴져요 190
페퍼톤스 덕후, 밴드휀걸

5. 망설임은 이제 그만, 투쟁도 덕질처럼 꾸준히 할 거예요 198
방구석탐조 덕후, 황미냥

6. 소수자의 목소리가 들리는 정치가 이루어질 때 205
판타지웹소설 덕후, 린덴비연

7. 덕후들아, 연성하자. 광장에서 목소리를 낼 수 있게 213
히프노시스 마이크 덕후, 서리꽃

8. 난 빡칠 때 남을 먹여…광장에서 2만 명을 먹였지 221
연극·뮤지컬 덕후, 라이카

에필로그 236

부록 239

# 프롤로그

내란의 밤, 나는 용인의 한 병원에 있었다. 아이가 사고로 척추가 부러지는 바람에, 종일 병상을 지켜야 했다. 병동은 초저녁부터 취침모드였고, 나도 막 간이침대에 눕던 참이었다. 낮에 문병을 다녀간 친구에게서 전화가 왔다.

"야아, 큰일 났어. 계엄이래!"

나는 아직 잠들기도 전인데, 왜 벌써부터 잠꼬대 소리가 들리나 싶어서 멍하니 핸드폰을 쳐다봤다.

"이재명이 라이브하고 있어. 얼른 유튜브 켜봐. 우리 남편은 방금 국회로 갔어."

그제야 정신이 번쩍 들었다. 나는 이어폰을 찾아 더듬거렸다. 친구에게 뭐라 말할 새도 없이 전화를 끊고 유튜브를 켰다. 껌껌한 화면 속에 이재명 대표가 나타났다 사라졌다 하면서 국민 여러분을 불러댔다. 나는 숨도 못 쉬고 얼어붙었다. 얼굴의 핏기가 쭉 빠져나가는 게 느껴졌다.

본능적으로, 꼼짝도 못하고 누워있는 저 아이를 데리고 어떻게 도망갈지 궁리하기 시작했다. 겁쟁이인 나는 젊어서 학생운동을 할 때도 일단 도망갈 생각부터 했다. 보도블록을 깨고

던지고 구호를 외치다 말고, 문 열린 빌딩과 주변의 골목을 살피며 언제든 대피할 장소부터 찾았다. 이번에도 나는 잔뜩 겁을 집어먹고 어디론가 고개를 처박고 숨을 궁리뿐이었다. 궁리를 한다고 방법이 있는 건 아니지만 그래도 열심히 머리를 굴렸다.

만일 급박한 상황이 오면 휠체어도 타지 못하는 아이를 데리고 어떻게 도망칠 수 있을까. 침대째로 밀고 가야 하나. 엘리베이터가 멈추면 계단으로는 그 어디에도 갈 수 없는데. 무사히 엘리베이터를 타고 내려간다 해도 도로에는 수많은 턱이 있을 것이고 어찌저찌 대피소 앞까지 간다고 해도 지하에는 내려가지 못할 텐데. 이런 찌질하고도 구체적인 생각들이 순식간에 떠올랐다.

머릿속 한편에는 마침 아이가 허리를 다쳐서 국회로 달려가지 않아도 되겠구나, 적당한 핑계가 있어서 다행이라는 생각이 삐죽 고개를 쳐들었다. 나는 누가 볼 새라 얼른 꾸겨 저 밑으로 밀어넣었다.

유튜브에서는 국회의원들이 국회 담을 넘고 있었다. 경찰이 그 앞을 막고, 헬리콥터가 날아오고, 창문을 부수고, 몸싸움을 했다. 아수라장이었고 위험천만한 장면들이 이어졌다. 우여곡절 끝에 국회의원들이 정족수를 채우고, 우원식 국회의장이 계엄해제를 위해 의장석에 서서 안건을 기다리고 있었다. 일분일초가 피를 말리는 순간이었다.

언뜻, 혹시 국회의사당 위로 폭탄이 떨어지는 게 아닐까, 하는 끔찍한 상상이 떠올랐다. 국회의원들을 다 모아놓고 한 번에 제거하려는 수작일지도 몰라! 한번 그렇게 생각하자 여지없는 사실일 것만 같았다. 머리가 쭈뼛하게 섰다. 당장 도망치게 해야 한다는 생각으로 가슴이 터질 것만 같았다. 그런데 도망치게 하는 게 먼저일지, 계엄해제가 먼저일지 판단하기가 어려웠다. 도망치라고 전할 방법도 없으면서 왠지 내가 그 말을 전하지 않아 진짜 무슨 일이 생길까 봐 안절부절못했다. 또, 만일 그런 일이 생기면 그 아비규환이 생중계될 텐데 온 국민이 세월호 같은 트라우마를 다시 겪게 될까 봐 걱정되어 미칠 것 같았다.

온갖 추측으로 뇌가 정지할 것 같은 십여 분이 흘러 드디어 계엄해제가 되었다. 그제야 긴 숨이 터져 나왔다. 군인들이 물러가는 모습을 끝까지 본 후에야 꼭 쥐고 있던 주먹과 오그라든 어깨를 조금씩 펼 수 있었다. 여전히 손발은 후들후들 떨리는 상태였다.

곁에서 같이 뉴스를 보던 아이가 그곳에 투입된 군인을 유심히 보더니 얼마 전 자신이 제대한 부대임을 알아차렸다. 아는 복장, 아는 행동거지, 아는 얼굴이었다. 우리는 경악을 금치 못했다. 아는 사람들이 시민들을 향해 총부리를 겨눴다니, 함께 훈련받고 생활했던 동기들이 내란범이라 불리게 되다니. 아이는 6개월 정도 단기하사로 복무할까 고민한 적이 있었다. 훈련을 아주 잘했고 인정도 받았기 때문에 군인으로서 자부심도 컸다.

만약 남았더라면, 잘한다고 차출이라도 되었다면 어쩌면 아이도 저 내란에 끌려갔을지도 모를 일이었다. 등골이 서늘했다. 우리는 한참을 유튜브와 트위터를 오가느라 쉽게 잠들지 못했다.

다음날, 병동은 어제와 다름없는 모습이었다. 의사는 회진을 하고 간호사들은 종종거리며 뛰어다녔다. 보호자들은 환자의 아침밥을 챙기고 환자들은 묵묵히 침상을 지켰다. 나는 이해할 수가 없었다. 대통령이라는 자가 국민을 반국가 세력으로 몰고 일거에 척결하겠다는데 어떻게 어제와 똑같은 하루가 이어지는지. 아직도 국회 앞에는 또다시 군인과 경찰이 쳐들어올까봐 맨몸으로 지키는 사람들이 있는데 어떻게 어제와 똑같은 표정으로 복도를 어슬렁거리고 약 먹고 잠들 수 있는지.

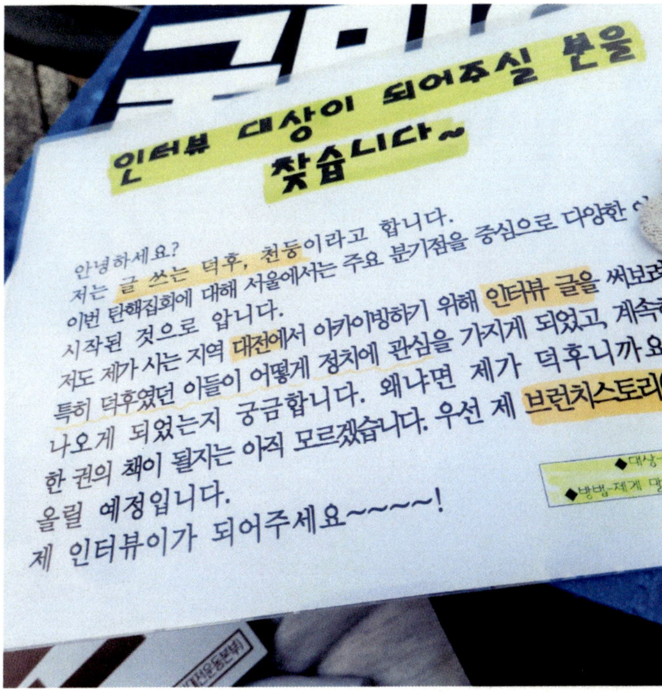


동시에 고마웠다. 어제와 똑같은 하루를 살 수 있게 해주어서. 아무리 나라가 어수선해도 흔들림 없이 자기 할 일을 해나가는 사람들 덕분에 세상은 돌아가는 거니까.

당시 나는 청소년소설을 쓰고 있었다. 병원에 와서도 수시로 노트북을 들고 탕비실로 가 자판을 두드렸다. 그런데 더 이상 그럴 수가 없었다. 뭘 쓰려 했는지 아무것도 생각나지 않았다. 아니, 잊었다는 사실조차 잊고 뉴스만 들여다봤다. 새로운 소식을 찾아 계속 새로고침하고 새로고침하고…

살 만큼 살았으니 우리가 나서야 한다는 70대 어르신들이 국

2024년 12월13일 은하수네거리에서 ©트위터@kkys100609

회 앞에 있었다는 걸 알게 되었다. 장갑차 앞을 막아선 사람이 내 아이 또래라는 것도 알았다. 다음날 밤샌 이들과 교대해주고 국회 담장에 쭈그리고 앉아 몇날 며칠을 버티던 이들은 내 이웃들이었다.

도대체 그들은 어떻게 여의도로 달려갈 수 있었을까. 무엇이 그들을 그토록 용감하게 만들었을까. 나는 부끄러움이나 경외감 이전에 오로지 나의 안위만 생각했던 나와 그들 사이의 그 엄청난 간극이 어디서 비롯된 것인지 궁금증이 앞섰다.

그 와중에 남태령대첩이 일어났다. 시민연대의 물꼬가 터졌고 대동세상이 열렸다. 나이도 성별도 직업도 다른 농민, 여성, 청소년, 성소수자들이 연대를 넘어 순식간에 '농민-되기'라는 주체로 우뚝 섰다. 이 땅에서 사라진

©통일로 가는 기록주의자

줄 알았던 일종의 커먼즈[2]가 되살아났다. 나는 그들을 만나 무슨 일이 벌어진 건지 묻고 기록해야겠다고 마음먹었다.

기왕이면 내가 포착한 덕질문화와 정치의 만남을 담기로 했다. 덕질로 한 권의 책(〈요즘 덕후의 덕질로 철학하기〉, 나이 오십에 갑자기 국카스텐에 흠뻑 빠져버린 나를 이해하고 설득하며 덕질세계를 탐색하는 에세이입니다)을 낸 덕후의 시선으로 광장에서 덕후들이 얼마나 빛나고 있는지 세상을 향해 외치고 싶었다. 혼탁하고 광기 어린 현실일수록 좋은 사람, 좋은 목소리, 좋은 이야기가 필요하니까.

---

2 함께 섞고 나누는 활동. 무언가를 함께 할 때 만들어지는 것, 또는 활동 그 자체를 뜻한다.(<커먼즈란 무엇인가>,한디디)

# 1부

# 대전
## 빛의 광장에서 덕후를 만나다

# Chapter 1. 민주주의 입덕

## 1 이제는 록을 할 때가 되지 않았나

### 인디밴드 덕후, **링고**

얼마 전 집회 주최 측에서 깃발 만들기 부스를 마련했다. 가로 1미터 남짓한 작은 깃발들이 하나둘 늘어나는 모습을 지켜보다가 슬그머니 나도 동참했다. '국카스텐 3집을 기다리는 락덕모임'. 내 깃발을 보고 누군가 반갑게 말을 걸어주었다. '전국오지콤유발밴드사모총연맹'의 기수, 링고(19세, 여, 대전 서구). 오지콤[2]? 유발? 사모? 생경한 단어의 조합이었지만, '밴드'라는 말에 끌려 나는 그에게 첫 번째 인터뷰를 요청했다.

그는 '처치앤댄스홀' 이라는 이름의 카페로 나를 초대했다. 설레는 마음으로 카페에 들어섰는데 웅장한 음악에 비해 장소가 다소 협소했다. 마치 1미터짜리 깃발을 장엄한 표정으로 흔들어대던 나처럼. 약속 시간을 살짝 넘어 그가 들어섰다.

"죄송해요. 고3이라 밤새 공부하고 잠깐 눈 붙였는데 그만..."

---

2 검색창을 찾아보면 '일본어 '오지상(おじさん, 아저씨)'과 '콤플렉스'의 합성어로, 젊은 여성이 나이가 많은 중년 남성에게 이성적 매력을 느끼는 심리적 경향이라고 거창하게 나오지만, 그저 나이 많은 아저씨들을 좋아하는 덕후들을 가리키는 말이다. '잘생기면 오빠'의 또 다른 버전인 셈이다.

"앗, 고3인데 괜히 시간을 뺏었네요."

나는 시작부터 약간 당황했다. 당연히 성인인 줄 알았다. 성숙해 보이기도 했지만 매주 집회에 나오는 모습을 봤기 때문이다. 고3은 공부만 할 거라는 편견은 도대체 언제쯤 깨질 것인가.

원래 정치에 관심이 있었는지가 가장 궁금했다. 링고는 전혀 아니라고 했다. "젠더갈등 정도?"라는 걸 보면 '전혀'에 가까운 게 맞다. 젠더갈등은 요즘 정치에 대한 관심과 무관한 일상이니까.

계엄 소식을 듣고 그는 '군대, 무장, 폭력, 5·18'이 연이어 떠올랐다고 한다. 공포감에 몸을 떨면서도 밤새 뉴스와 SNS에서 눈을 떼지 못했다. 국회에서 계엄해제하는 모습까지 실시간으로 확인했지만 두려움에 도저히 잠을 이룰 수 없었다.

"부모님들이 겪은 그것을 우리가 또 겪어야 한다고? 부모세대가 했던 저항 같은 거 나는 못하는데. 상상하기도 싫은 무서운 일이잖아요."

그런데도 어떻게 매주 집회에 참여하게 되었느냐고 묻자 그는 한 인디밴드(인터뷰 이후 그 밴드가 인디 판을 뒤흔들 문제적 발언을 했다고 한다. 링고는 그 이름조차 남기고 싶지 않다고 삭제를 요청해왔다)를 언급했다. 그는 어릴 때부터 다양한 인디밴드를 덕질하고 있었다. 그중 한 밴드가 SNS에 집회에 나간다는 소식을 전했다. 그는 왜 나가지? 의아한 한편 위험하지 않을까 걱정이 앞섰다. 그런데 그들이 올린 집회 영상에는 예상과 달리 즐거움과 평화로움이 가득해 보였다. 나도 나가볼까? 하는 생각이 절로 들었다. 집회에 대한 경계가 허물어질 만큼 영상 속 모습은 유혹적이었다. 당시 그는 교통사고를 당해서 다리를 깁스하고 있었다. 그럼에도 대전 집회를 찾아 은하수네거리로 나갔다.

좋아하는 대상의 영향으로 광장에 나오다니 인터뷰를 시작한 기획의도와 너무나도 딱 맞아떨어졌다. 하지만 나는 오히려 약간 의구심이 들었다. 정치에 관심도 없었고 집회 경험도 없던 사람이 어떻게 바로 행동에 옮길 수 있었을까. 그것도 성치 않은 몸으로.

"평소 우리나라 인심은 죽었다고 생각해왔어요. 갈등도 많고 불친절

링고가 만든 굿즈. B급 감성 디자인으로 덕질 대상을 소개하는 '찌라시'명함이 인기를 끌고 있다.

하잖아요. 근데 집회에 갔다가 그 생각이 확 바뀌었어요. 자원봉사자분들도 그렇고 주변 참가자분들도 너무 따뜻하고 친절한 거예요. 직업, 성별, 나이 상관없이 평등하게 대하고 서로를 지켜주었어요. 특히 다리가 불편한 나를 세심하게 배려해주었어요. 그런 모습을 보면서 아, 아직 죽지 않았구나, 따뜻하구나 안심할 수 있었어요."

답을 듣고도 완전히 풀리지 않던 의구심은 깃발 만든 이야기를 들으면서 비로소 해소되기 시작했다.

"밴드는 뭐다? 깃발이다." 그는 밴드에 대해 이렇게 명명했다. 밴드 정신, 록 정신으로 똘똘 뭉친 사람이었다. 처음에는 남들처럼 한때 좋아했던 동방신기 응원봉을 들고 나갔는데, 반짝이는 게 예쁘기는 하지만 들고 다니기가 몹시 거추장스러웠다. 그는 아이돌 팬들과 같이 인증샷도 찍어봤으니 응원봉은 됐고, 밴드 팬임을 표방해서 팬들을 집결시켜보고 싶었다. 원래는 전국에 있는 공연 메이트들과 각 지부를 만들려고 했다. 지부장(?)들에게 개인적인 사정이 생기면서 결국 혼자 전국을 책임지게 되었지만. 그들은 각자의 지역에서 집회에 참석하고 연대투쟁을 하고 있다고 한다.

이번 빛의 혁명을 뭐라고 정의하고 싶으냐고 물었을 때도 그는 록을 말했다. "이제는 록을 할 때가 되지 않았나."라고. 남태령대첩이나 키세스단처럼 가슴이 벅차오르는 순간을 맞이할 때마다 그는 "이게 록이지."를 외쳤다.

"거대한 악의 무리와 싸우는데 혁명과 저항의 음악인 록 정신으로 연대와 화합을 해야 하지 않겠어요?"

그는 다소 거창하게, 그러나 지극히 록 덕후답게 말했다. 그러니까 정치에 관심이 없었다지만 그건 아직 접할 기회가 없었을 뿐이고, 이미 저항과 혁명, 정의와 평화를 향해 망설임 없이 몸을 던져 뛰어들 준비가 된 사람이었다.

어쩌면 그건 록 정신이기도 하지만 덕후의 기질이기도 했다. 덕후들은 좋아하는 마음 하나로 생전 처음 보는 누군가(또는 무언가)에게 모든 걸 내어준다. 대가 없이, 일방적으로. 하지만 절대 선을 넘는 행동은 참지 않는다. 우리가 공유한 감각, 상식, 질서, 경계를 침범하면 뒤도 돌아보지 않고 탈빠[3]하거나 총공[4]으로 맞선다. 링고가 그 밴드를 이름까지 지운 것처럼.

남태령대첩이 일어났을 때, 서울지부를 맡을 뻔했던 친구가 실시간으로 상황을 전해주어 그는 마치 현장에 있었던 것처럼 생생하게 그날을 겪었다고 했다. 그는 "그들이야말로 참된 인간군상"이 아니냐며 흥분해 마지않

3 팬 활동을 그만두는 것을 말한다.
4 원하는 목적을 달성하기 위해 단체로 총공격하는 것을 말한다. 주로 트위터에서 특정 해시태그를 다수의 사용자가 집중적으로 올릴 때 사용하는 표현이다.

INDE'FAN'DENCE라고 해서 인디 씬 팬들의 인권에 대해 이야기하려 했으나, 현재는 세상의 모든 인디들(소외된 자들)을 응원하는 의미로 확장되었다.

았다. 요즘 같은 시대에 주말에 쉬지도 않고 자기 시간을 내서 연대투쟁에 나서주리라고는 상상도 못했다면서.

“근데요, 그분들뿐만 아니라 지금 은하수네거리에 오시는 한 분 한 분이 다 대단하다고 생각해요. 연대투쟁에 참여하지 못하는 건 아쉽지만 지금 내가 할 수 있는 유일한 게 이거니까.”

금세 차분해진 목소리로 말하는 링고에게 나는 조금 놀랐다. 누가 뭐라 해도 남태령대첩이나 키세스군단은 역사적인 현장을 만들어냈고, 이후 연대투쟁의 분기점이 된 상징적인 투쟁이다. 나는 지역에 산다는 이유로 방구석에서 핸드폰으로만 지켜봐야 하는 처지가 이토록 아쉬웠던 적이 없었다. 하지만 지역 집회에 오는 이들도 똑같이 간절하고 똑같이 빛난다는 걸 그는 이미 꿰뚫고 있었다. 나는 조금 부끄러웠다. 지금 우리는 모두 역사의 한 장을 써내려가는 주인공이라는 걸 잠시 잊었다.

링고는 대전에서 태어나고 자랐다. 보통 지역에 사는 청년들은 당연히 서울을 동경하리라 생각하지만, 그는 그렇지 않았다. 오히려 서울에 가면 "인심이 빡빡하다."며 대전에 대한 남다른 사랑을 드러냈다.

"노잼도시라고 하지만 알고 보면 주거며 생활이며 다 잘 되어있어 살기 좋은 동네예요. 한 가지 아쉬운 건 인디 씬이 활성화되지 못했다는 점, 그것뿐이에요."

바로 그것이 인디 덕후에게는 치명적인 단점일 텐데, 그는 대전 특유의 여유로움으로 아쉬움도 쿨하게 넘겼다.

그런데 탄핵정국이 길어지고 극우세력들이 양지로 나오면서 대전이 예전 같지 않다. 집회에서조차 가끔 훼방을 놓는 이들이 늘어나고 있어 걱정이다. 한번은 뒤통수를 가격당한 적도 있단다. 일종의 테러가 일어나는 중이다. 그럼에도 깃발을 흔들고 나면 멋있다고 인사하고 간식과 핫팩을 권하는 이들이 있어 힘을 낸다. 작은 나눔과 친절이 '중꺾마'(중요한 건 꺾이지 않는 마음)를 잊지 않게 해준다며 웃는다.

그는 탄핵이 끝난 후 새로운 세상에서는 "적어도 젠더갈등"만큼은 없었으면 좋겠다고 한다. 인디 씬 내에서도 제발 성에 대한 인식이 개선되면 좋겠다. 빈번히 일어나는 성폭력 등으로 현타[5]와 탈빠가 반복되지 않게.

노동자들의 인권에 대해서도 언급했다. 집회에서 노동자들의 발언을 통해 그들이 얼마나 열악한 환경에서 부당한 대우를 받으며 일하고 있는지 알게 되었다. 평상시에는 접할 수 없는 진짜 삶의 이야기였다. 성인이 되면 차별금지법 등에 관한 1인 시위나 서명운동 등을 꼭 해보고 싶다. 그는 탄핵 이후에도 지속적인 관심을 가지는 것이 무엇보다 중요하다고 강조

5 '현실자각타임'의 줄인 말로, 헛된 생각에 빠져 있다가 자신이 처한 상황을 깨닫게 되는 순간을 뜻한다.

한다. 다행히 부모님도 정당 가입을 권유하며 그의 활동을 지지해준다.

이토록 적극적인데 그는 스스로 회피성이 강한 편이라고 했다. 이번 광장을 통해 "참여할 수 있는 용기"를 갖게 된 것이 가장 큰 변화다. 그런 의미에서 탄핵이 끝나면 직접 밴드 활동을 해보고 싶다. 이미 디제잉도 하고 드럼도 치지만, 덕질에 머물지 않고 한발 더 나아가는 용기를 내려고 한다. 나는 물개박수로 그의 음악 활동을 응원했다. 언젠가 밴드 공연을 하게 되면 꼭 초대해달라고 하자 그는 쑥스러운 웃음을 지으면서도 흔쾌히 그러마고 약속했다.

인터뷰를 마치고도 우리는 한참 수다를 이어갔다. 놀랍게도 밴드 붐이 다시 일어난 것에 대하여, 그럼에도 여전히 메이저 말고 인디는 주목받지 못하는 것에 대하여, 향니, 크랙샷, 소울 딜리버리 등 그의 플레이리스트에 대하여…

인터뷰 내내 녹음이 제대로 되었을까 걱정될 정도로 음악이 크게 울려 퍼지는 카페로 정한 것은 역시 음악 때문이었다고 한다. 본점은 대흥동에 있는데 엘피(LP) 판을 들을 수 있고 가끔 라이브 공연도 한단다. 조만간 우린 거기서 다시 만나게 될 것 같다. 그때는 완전히 탄핵을 끝내고 평화로운 주말을 보내고 있을 것이다. 반드시, 그래야만 한다.

# 2 존엄한 인간으로 존재하는 것, 그것이 나의 '운명'

게임 '데스티니' 덕후, **츠네모리**

링고에게 인터뷰를 부탁했을 때 바로 옆에 서있던 기수가 있다. 링고는 그에게도 인터뷰를 권했고 그는 말없이 고개를 끄덕였다. 고마운 마음에 얼른 연락처를 주고받았는데 막상 만나려고 보니 얼굴이 기억나지 않았다. 날이 어둡기도 했고 집회중이라 어수선해서 정신이 없었다. 다행히 만나기로 한 장소에 들어서자마자 바로 그를 알아볼 수 있었다. 꼿꼿한 자세로 무대에 집중하는 모습이 인상적이던 사람이었다.

츠네모리(대학생, 남, 대전 서구)는 중학생 때부터 꾸준히 게임을 해온 게이머이자 개발자이고, 동인[6] 활동까지 활발히 하는 덕후라고 했다. 게임이라곤 369처럼 간단한 것조차 외면하는 내가 게임 덕후를 과연 이해할 수 있을까 걱정이 앞섰지만, 게임의 세계가 어떻게 현실 세계에서 조응하는지 들을 수 있는 좋은 기회라 자못 기대가 되었다. 다행히 츠네모리는 나처럼 게임이 초면인 사람도 알아들을 수 있게 그쪽 세계에 대한 용어와 세계관까지 조곤조곤 설명해주었다.

그날은 게임의 새로운 확장팩이 나오는 날이었다. 서둘러 과제를 끝내고 설레는 마음으로 대기를 하던 중 계엄 소식을 들었다. 순간 그는 차갑게

---

6　원래는 취미나 뜻을 공유하는 사람들의 집단을 의미하는데, 여기서는 덕질하는 사람들끼리 2차 창작물을 나누는 모임을 지칭한다. 2차 창작물은 주로 덕질 대상을 소재로 만든 만화· 게임· 소설· 수공예품 등이다.

은하수네거리에는 빌딩에서 비추는 조명 덕분에 다양한 색깔로 사진이 찍힌다.

머리가 식어버렸다. 밤새 국회의 상황을 지켜보았고 계엄해제가 가결되고 계엄이 종료되었다는 발표도 났지만, 그는 여전히 끝났다고 인식되지 않았다. 오히려 존재가 훼손당했다고 느꼈다.

다음날 수업이 끝나고 그는 바로 은하수네거리로 달려갔다. 민주사회 시민으로서 도저히 좌시할 수 없었기 때문이었다. 게임은 이미 머릿속에 없었다.

8년 전 박근혜 탄핵 때도 그는 집회에 나갔다. 그때는 고등학생이어서 운신의 폭이 좁았지만 지금은 "내가 어디에 있을지 정도는 알아서 할 수 있으니까" 꾸준히 광장에 참석하기로 마음먹었다.

"모두가 광장에 갈 수 있는 건 아니니까요. 갈 수 있는 사람이 간 거예요. 내가 못 갈 때에는 다른 사람이 채워줄 거잖아요."

그는 "마침 그때 일정이 없었다."고 덤덤히 말했지만 시험 등 예정된 일정 외에는 일부러 약속을 잡지 않았다. '대전 페미니스트 총결집의 날'에도 그는 집회에 가서 자리를 지켰다. 왜? 시간이 있었으니까. 물론 그 누구도 성평등 이슈에서 무관할 수 없기 때문이기도 하지만 그는 묵묵히 있어야 할 곳에 있는 것으로 자신의 의사를 표현하는 사람이었다.

국회에서 탄핵소추안이 가결되던 날에는 후배들에게 밥을 샀다. 내수가 어려우니 취소했던 송년회를 재개하라던 우원식 국회의장의 당부를 허투루 듣지 않았다. 그렇게 그는 자신이 할 수 있는 일을 했다.

설날 연휴에는 부모님 집에 갔다가 서울 집회에 나갔다. SNS에서만 보던 깃발의 향연을 직접 경험하고는 당장 자신의 깃발을 만들었다. '수호자는 자신의 운명을 결정합니다.' 그가 좋아하는 게임 〈데스티니〉에 나오는 문장이다. 그는 움직일 수 없는 숙명인 fate와 달리 우리의 선택과 결정에 따라 달라지는 destiny를 비교해서 광장을 설명했다. 광장에 선다는 건 무도한 누군가에 의해서가 아니라 스스로 자신의 행동을 직접 결정하겠다는 선언이자, 존엄한 인간으로서 존재하고자 하는 의지라고 했다. 그는 깃발을 통해 "자신이 어떤 가치를 수호할지 스스로 선택할 수 있다."는 것을 분명히 표명하고 싶었다. 기수가 되면서 그는 광장에 나온 효능감이 더욱 크게 느껴졌다.

그는 내게 게임 〈데스티니〉에 대한 영상을 찾아 보여주고 세계관에 대한 해석이 담긴 글을 공유해주었다. 그 자리에서는 미처 깨닫지 못했지만, 찾아보고 읽어볼수록 게임이라는 것이 예전에 내가 알던 심심풀이용 놀이가 아니라 한편의 광대한 대서사시라는 걸 알 수 있었다. 지금까지는 인류가 말과 글로 '이야기'를 풀어갔다면 이제는 게임으로 '이야기'를 직접 만들

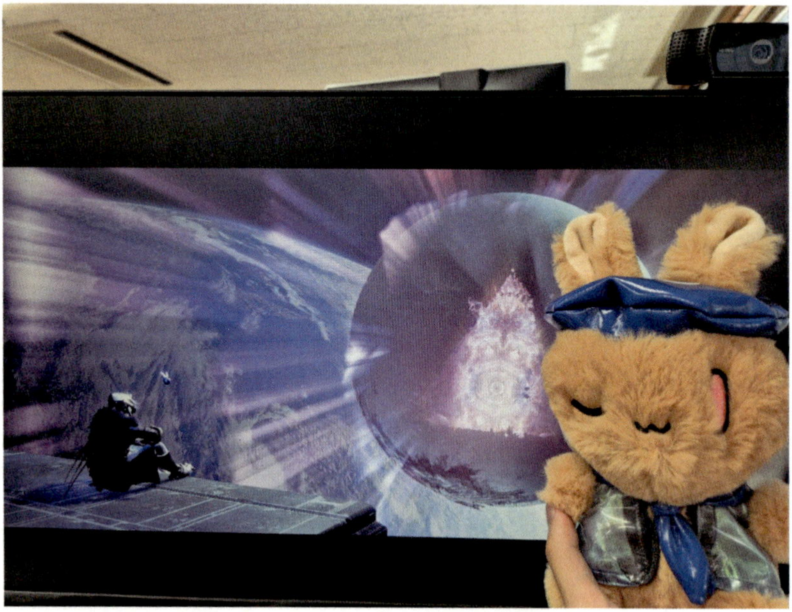

게임 <데스티니>의 엔딩스크롤 화면. 그가 주요하게 향유하는 또다른 작품인 <명일방주> 인형을 들고 있다.

어가고 참여하게 해준달까.

그중 이런 글귀가 있었다. '존재의 권리를 유지하지 못하는 자는 애초에 존재하지 않는 자와 도덕적으로 같다.' 나는 절로 누군가가 떠올랐다. 국민이 준 권리를 유지하지 못한 자. 오히려 권리를 남용하여 국민을 절체절명의 위험에 빠뜨린 자. 애초에 그 자리에 앉지 말았어야 할 자.

남태령대첩이 일어나던 날, 그는 현장에 가지는 못했지만 라이브 방송으로 함께했다. 연대와 교차성이 일어나는 순간을 목격하며 지금 우리에게 닥친 구호는 '윤석열 탄핵, 국민의힘 해체'이지만 앞으로 나올 시민들의 요구는 이보다 훨씬 다양하게 확장될 것임을 직감할 수 있었다.

"어딘가에서 광장을 촛불과 응원봉으로 비유하는 글을 봤어요. 8년 전에는 같은 색의 촛불로 자신을 제대로 표현하지 못했지만, 이번 광장은 색색의 응원봉으로 자신의 정체성을 자유롭게 드러내고 있다고. 굉장히 공감되는 말이었어요."

그는 정검유착이나 법조계 카르텔 등의 문제도 바로잡아야 하겠지만, 법이 대상에 따라 달라지는 문제, 즉 원리 원칙을 지키는 일부터 시작해야 한다고 목소리를 높였다. 그러려면 지금의 정치현상을 있는 그대로 봐야지 상대를 필요 이상으로 악마화해서는 안 된다고 했다. 하지만 현실은 점점 더 극단적으로 상대를 배격하고 혐오와 갈등을 부추기고 있다.

"교육이나 복지 등을 통해 결국에는 양심을 지키며 살 수 있는 토양을 마련해야 해요. 여기서 양심이란, 벼랑 끝에서 돌아오는 것을 말해요. 소외되고 절망에 빠진 이들이 살 수 있는 환경을 만들어야 양심이란 것도 돌아올 수 있어요. 그동안에는 법이 원칙대로 동작하지 않았지만, 이제는 달라져야죠. 나는 우리의 구호가 실현될 때까지 해야 할 일을 묵묵히 할 거예요."

그는 지금 우리 사회가 민주주의의 본령을 학습하는 중이며, 의미 있게 전진해나가고 있다고 생각한다. 탄핵 이후에도 필요에 따라 자신의 목소리를 내고 서로의 의견을 경청하는 사회가 되기 위해서는 계속해서 광장은 시끄러워야 한다. 그게 민주주의의 본질이기 때문이다.

은하수네거리에서 광장 대토론회를 한 적이 있다. 다양한 의제에 대해 기조발제를 듣고 집회에 참석한 시민들이 핸드폰으로 자신의 생각을 전달하면 그 자리에서 모두의 의견을 확인해볼 수 있는 스마트한 방식이었다. 츠네모리는 그런 토론의 시간이 좋았다. 노동과 환경 등 다양한 의제에 대해서 폭넓게 배울 수 있었다. 그때 언론에 대해 의견을 보태고 싶었는데 순서가 밀려 아쉽게도 발언하지 못했다. 그는 우리 앞에 수많은 개혁과제가 놓여있지만 언론개혁이 선행되어야 한다는 말을 하고 싶었다. 이 또한 원리 원칙과 양심의 문제와 관련 있다.

"독일은 히틀러의 저서인 '나의 투쟁'을 출간하려면 반드시 비판하는 주석을 달아야만 해요. 그런데 우리는 아무런 주석도 해설도 없이 내란수괴의 말을 그대로 받아 적어 기사로 내보내고 있잖아요. 얼마 전 대전에서 일어난 안타깝고도 끔찍한 사건인 고 김하늘 양의 경우에도 조심성 없이 함부로 기사를 내보내더군요. 지금 우리 언론은 윤리적이지도 중립적이지도 않아요."

그는 정당에 가입하거나 목소리를 내게 되지는 않을 것 같다고 했다. 다만 귀를 열어놓고 평범하게 살아가다가 행동해야 할 때가 오면 거리낌 없이 참여하겠다고 했다. 하지만 인터뷰가 끝날 무렵에는 이전보다 적극적으로 목소리를 낼 것 같다고 했다. 당원 가입을 하는 게 작은 의지의 표명이 되지 않겠냐고도 했다. 나는 왜 생각이 바뀌었냐고 되묻지 않았다. 그가 이랬다저랬다 한다고 생각되지 않았다.

이번 빛의 혁명을 그는 "과정"이라고 말했다. 우리는 거대한 변화의 과정 안에 있고, 다양한 분야에서 격변하는 과정을 지켜보는 중이라고. 그도 과정 안에 있었다. 나는 남태령대첩 이후 평범한 시민들이 말벌동지들로 진화해가는 과정을 생생하게 보았듯이 눈앞에서 변화하는 츠네모리의 모습을 기쁘게 지켜보았다.

인터뷰에 응해준 이유가 무엇이냐고 묻자 그는 특유의 덤덤함으로 "협력하지 않을 이유가 없었다."고 말했다. 잠시 후 "생각을 정리해볼 좋은 기회가 될 것 같았다."고 덧붙였다. 분명 그의 목적이 달성되었으리라 짐작해본다.

인터뷰를 마치고 총총 걸어가는 그의 뒷모습을 보면서 나는 고요한 호수를 떠올렸다. 저 깊은 곳에서는 거대한 물결이 일렁이고 있지만 겉으로는 잔물결 하나 없이 맑고 잔잔한 새벽 호수를 만난 듯했다.

# 3 우리가 할 일은 오직 살아가는 것

## 핑크 덕후, **핑크공주**

집회에서 몇 번 그를 봤다. 다들 검은색 패딩으로 몸을 둘둘 말고 있는데 혼자 핑크색 옷을 입고 있으니 눈에 띄지 않을 수 없었다. 한 손에는 '전국공주연합'이라고 쓰여 있는 작은 깃발을 들었고, 또 다른 손에는 핑크색 응원봉이 반짝였다. 궁금증이 절로 일었다. 핑크 옷을 입고 공주를 자칭하는 이유가 뭔지, 공주이고 싶은데 왜 집회에 나왔을지. 사실은 편견이 앞섰다. 공주 옷을 입은 사람이 집회에 나올 리가 없는데 라는. 도도하게 인터뷰도 거절할 줄 알았다. 그런데 핑크공주(29세, 여, 대전 서구)는 '황공하옵게도' 바로 인터뷰에 응해주었다.

핑크공주를 만난 날은 검찰이 제2의 내란을 획책하고 윤석열이 '탈옥'(검찰수뇌부가 직권남용으로 공모한 법률상 탈옥)한 다음날이었다. 우리는 가끔 시간여행을 꿈꾼다. 과거로 돌아가 사랑하는 대상을 다시 만나고, 행복했던 순간을 되찾는 그런 꿈. 그런데 내란수괴가 거리를 활보하는 타임리프를 겪게 될 줄이야. 탄핵이 쉬울 거라고 생각하지는 않았지만 이런 말도 안 되는 일이 벌어질 줄은 정말 꿈에도 몰랐다. 전 국민을 상대로 몰래카메라가 돌아가는 건 아닐까, 허탈한 상태로 하루가 지나도록 충격에서 벗어나지 못했다.

그런 내게 핑크공주는 긴 싸움을 지속하려면 분노와 절망으로 지치지 말고 명상과 단식으로 몸과 마음을 비워야 한다고 말했다. 집착을 내려놓고

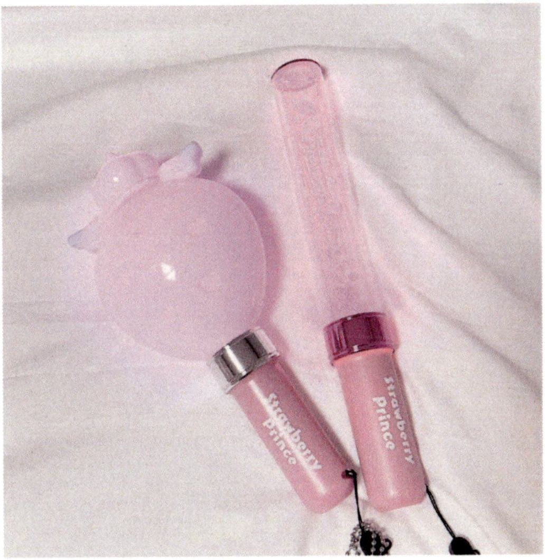


핑크공주의 응원봉

(탄핵이 집착이라고?), 바라는 게 무엇이든(다른 것도 아닌 내란수괴 탄핵인데?) 분노와 절망을 하기보다(탄핵은 원래 분노와 절망이 똘똘 뭉친 원기옥 아닌가?) 연대와 사랑으로 묵묵히 투쟁을 이어가야 한다는 거다. 성질 급한 나는 (자기 자신을 지키지 못하면 세상을 지킬 수도 없다는 걸 잘 알면서도) 인터뷰어라는 본분을 망각하고 잠시 묵언으로 반항심을 삼켰다.

전날 집회에서 핑크공주는 시민발언대에 올라 "세상은 뒤로 가는 것 같아도 결국 앞으로 간다."며 사랑과 대(大)연대를 강조했다. 그 어떤 폭력도, 부패한 권력도 우리가 갖고 있는 따뜻한 사랑을, 온정을, 연대를 이길 수 없다는 걸 우리는 잘 알고 있지 않느냐고 힘주어 말했다. 집회 도중 내란수괴의 석방 소식을 듣고 다들 망연자실해 있을 때여서 그의 발언은 시의적절하게 우리를 위로해주었다.

대전 집회에서 발언하는 핑크공주 ©통일로 가는 기록주의자

그런데 정작 본인은 너무 떨려서 혹시 쓰러지는 건 아닌가 걱정하느라 아무 생각도 못 했다고 한다. 공황이 와서 구급차에 실려 가는 상상까지 할 정도였다고. 다행히(?) 핸드폰을 보며 읽기에 급급해서 광장에 앉은 사람들과 눈 마주칠 여유조차 없었단다. 물론 집회에 온 사람들은 같은 뜻을 가지고 모인 거니 설마 돌 던지는 일은 없겠지, 이들도 수천 가지 다른 생각을 가졌겠지만 마음을 열고 들어주려고 노력하겠지 하는 믿음은 있었다. 차차 떨림이 잦아들고 무사히 발언을 마치고 나니 자신감이 생겼다. 다음에는 더 많은 청중이 있는 서울에 가서 무대에 서봐야지, 마음먹었다.

그는 테드(TED, 미국의 학술 강연회) 같은 강의를 하는 것이 꿈이었다. 그런데 왕따에 대한 트라우마와 피해의식으로 학급 친구 30명 앞에서도 말하기가 어려웠다. 지금도 우울증과 ADHD로 불안에 시달리고 있어, 잠시 일을 쉬면서 자신의 상태를 인정하고 수용하려고 애쓰는 중이다. 집착을 내려놓고 몸과 마음을 비우라는 말은 실은 스스로에게 하고 싶은 말이었던 셈이다. 물론 우리 모두에게도 해당되는 얘기지만.

그런 그에게 핑크는 마음의 평화를 준다. 보기만 해도 위안을 얻고 자신감을 얻는다. 동시에 핑크는 저항의 상징이다. 앞서 말했다시피 그의 차림새는 평범치 않다. 정상성을 중시하는 한국사회에서는 이상하게 보일법한 스타일이다. 그럼에도 그는 꿋꿋이 핑크로 무장한다. 평범해야 정상으로 인정하는 세상에 딴지를 걸고 싶다. 사람들의 눈총을 받고 손가락질을 당하고 욕을 먹지만 평범을 거부하고 정상성에 저항한다. 정상성이란 결국 혐오를 불러오고 다양성을 무시하는 거라고, 누구든 자신이 좋아하는 것을 자유롭게 좋아할 권리가 있다고 주장한다. 한발 더 나아가 존재한다는 것 자체가 혐오에 대한 저항이라면 더더욱 살아야 하지 않겠냐고 스스로를 다독인다. 하지만 저항은 언제나 반격을 불러오기 마련이다. 우울하지 않을 도리가 없다.

"민주적인 사회라면 핑크 정도는 수용해야 하지 않나요? 파시즘이 다른 게 아니에요. 다양성을 존중하지 않는 게 파시즘이에요."

12월 3일, 그는 영화 〈위키드〉를 보고 있었다. 주인공을 향한 사회적 편견과 차별을 보며 펑펑 울다가 결국엔 정의와 진실을 밝히며 진정한 자아를 찾아가는 주인공의 모습에 큰 용기를 얻었다. 이제 명상하고 자야지, 하고 핸드폰을 비행기모드로 전환하려는데 친구로부터 디엠이 왔다.

"미쳤나 봐. 계엄이래."

그는 당연히 가짜뉴스라고 생각하고 무시하려 했는데, 아니었다. 영화 속 이야기가 현실에서 벌어지고 있었다. 그는 패닉 상태로 새벽 4시까지 잠을 이루지 못했다. 무섭기도 했지만 국회로 달려간 사람들, 국회 정문을 붙잡고 밤을 지새운 사람들을 보면서 부끄러웠다. 누군가는 유서를 써놓고 왔고, 누군가는 고양이 밥을 한 달분이나 주고 왔다고 했다. 그들이 어떤 결심으로 그렇게 했을지 상상조차 하기 어려웠다. 이재명 대표 등 많은 분들에게 빚을 졌다는 생각에 집회라도 나가자 마음먹었다. 상태가 나쁠 때는 잠시 집밖으로 나가는 것조차 죽을 것처럼 힘들지만, 그들은 목숨을 걸고 일상을 벌어줬는데 토요일 집회 정도도 못 간다면 너무 부끄러울 것 같았다.

아무것도 안 해도 돼, 머릿수만 채우면 돼… 그는 계속 되뇌었다. 때로는 귀찮은 마음이 들 때도 있었지만 굳건히 물리치고 무거운 몸을 일으켜 집회에 나갔다. 온라인으로도 열심히 참전했다. 청원동의나 후원 등을 부지런히 리트윗하고 독려하는 글을 썼다. 지금까지 14번 참석했으니(3월 9일 현재) 거의 개근에 가깝다. 하지만 이번 탄핵 이전에는 단 한 번도 집회에 나간 적이 없다. 지난 박근혜 탄핵 때도 참여하지 않았다.

"이번엔 진짜 죽을 뻔한 거잖아요. 설마 북한군인가 했는데, 우리 군인이었잖아요."

그 충격은 이루 말할 수 없이 컸다. 국민의 치안을 담당하는 이들이 국민을 향해 총부리를 겨누다니. 그날 이후 몇 주 동안 조금만 큰소리가 나도 자다가도 벌떡 일어났다. 그의 불안과 두려움은 실재하는 불안이고, 당면한 두려움이었다.

내란의 실체를 밝혀갈수록 죽음과 두려움, 슬픔과 분노가 폭풍처럼 밀려왔다. 내내 울면서 12월을 보냈던 것 같다. 그 추운 날 남태령대첩과 키세

전국공주연합 깃발은 다른 사람이 만든 디자인이라 책에 실을 수 없다면서 본인이 직접 새로 만든 깃발 사진을 보내왔다.

스단의 투쟁은 성스럽기까지 했다. 그런데 제주항공 참사까지 터졌다. 어떻게 이렇게까지 가혹하지? 그는 안타까움과 무기력으로 1월에도 2월에도 계속 울 수밖에 없었다.

불안감이 최고조로 달하던 즈음, 그는 차라리 두려움의 실체를 명확히 알아야겠다 생각하고 극우들의 뒤를 팠다. 마음만 먹으면 SNS로 못하는 게 없는 세상이니 어려운 일은 아니었다. 지금까지 모르고 있던 정치상황과 사회문제의 흐름을 어느 정도 파악하고 나니 세상이 좀 더 분명하게 보였다. 그제야 그는 조금씩 자신에게로 마음의 눈을 돌릴 수 있었다. 귀찮아도 산책을 나가고 식단을 하고 취업준비를 하기 시작했다.

"세상은 뒤로 가는 것 같아도 결국 앞으로 가요."

그는 다시 한번 강조했다.

이번 탄핵으로 그는 농민들을 알게 되었고 양곡법이 뭔지 알게 되었다. 그것이 결코 농민만의 문제가 아니라 우리 모두의 문제라는 것, 우리는 생각보다 훨씬 더 많이 서로에게 영향을 끼친다는 사실을 받아들이게 되었다. 내 안의 '약자성'이 타인과 어떻게 연결되는지 깨우치는 순간이었다.

그는 앞으로 다양한 집회에 참여할 생각이다. 팔레스타인이나 장애인 관련 집회에 가고 정치토론회 등에도 가볼 예정이다. 지지하고 후원하고 연대하는 것이 사회구성원으로서 자신을 돌보고 성장하는 길이니까. 대신 힘 빼고, 할 수 있는 한에서.

"성인이 되는 순간 최소한 15평, 솔직히 20평은 되었으면 좋겠어요. 어쨌든 집이 제공되고 먹고살 기본소득이 주어져야 해요. 사람은 살만해지면 영혼이 원하는 일, 재능이 발하는 일을 하거든요. 그러면 우리 사회는 형형색색으로 더 발전할 거예요."

우리가 당도할 사회에서는 모든 사람이 기본소득을 받을 수 있기를 그는 바란다. 그날이 멀지 않았다고 믿는다. 빛이 밝으면 어둠도 깊듯이 극자본주의 뒤에는 살만한 세상이 기다리고 있을 것이다.

"우리가 해야 할 일은 오직 살아가는 것. 가능하면 자신을 덜 해치면서, 자기파괴적 습관을 줄이고 자신을 돌보면서 살아가는 것, 그것뿐이에요."

"근데요, 왜 핑크예요?"

묻고 나서 나는 아차 싶었다. 왜 음악이냐고 왜 게임이냐고 묻지 않으면서 왜 핑크냐고 묻다니. 그저 핑크가 어떤 위로를 주느냐고 물었어야 했다. 어리석은 내게 그가 다정하게 말했다.

"핑크를 좋아하니까요. 핑크가 사랑스럽게 여겨져요. 핑크를 보면 행복해요."

행복하다는데, 무슨 이유가 필요한가. 나도 가끔은 핑크가 사랑스럽다. 아니, 사랑스럽지 않은 색이 없다. '전국공주연합'의 참여를 원한다면 핑크를 드레스코드로! 아니, 드레스코드 따위 필요 없이 각자 원하는 색으로!

그나저나 전 국민이 명상과 단식을 하게 하는 것이 저들의 속셈이 아니라면 빨리 좀 파면시키고 다시 잡아넣었으면.

# 4 우리를 광장에 두고 가지 마세요

## 우사기 덕후, **평화**

인터뷰를 위해 그를 만났을 때, 그는 대전방위사업청 앞에서 1인 시위를 하고 있었다. 그가 들고 있던 피켓을 보고서야 무기수출중단을 외치고 있다는 걸 알았다. 대전에 방위사업청이 있는 줄도, 가자지구 학살에 우리가 공범이라는 것도 몰랐다. 그저 방관자라고만 생각했는데, 무기를 공급하는 적극 가담자였다…

평화(20대 후반, 은둔청년, 충남)는 홀홀단신 무연고자로, 주변인들과 교류 없이 사회와 거의 단절되어 살아왔다. 기초수급과 약간의 알바로 먹고사느라 바빴고, 태생이 겁쟁이라 누군가에게 욕설 한번 해보지 않았으며 준법시민으로서 파업이나 집회는 꿈도 꾸지 않았다. 퀴어로서 청소년 시절에 가본 퀴어 퍼레이드와 강남역 살인사건 추모제에 헌화한 것, 세월호 참배를 빼면(집회도 아니지만 굳이 정치행위로 꼽는다면).

그런데 12월 3일 이후 그는 대전과 서울을 넘나들며 연대투쟁에 나서고 있다. "나 한 사람이라도" 보태서 안전해지길 바라는 마음에서 비롯된 일이라고 한다. 퀴어인 그는 엘라이[7]가 많아야 혐오와 공격으로부터 숨을 수 있고 안전해진다는 것을 몸으로 알고 있었다.

---

7 ally, 협력자, 동반자를 뜻하는 말로, 성소수자의 인권을 지지하고 차별을 반대하는 사람

대전방위사업청 앞에서 1인 시위 인증샷

국회 앞에서 집회할 때는 아직 평등수칙[8]이 없던 때라 페미니스트임을 밝히는 이들에게 야유가 나오기도 했고, 깃발도 많지 않아 무지개깃발[9]을 들기가 조심스러웠다. 그런데 그의 깃발을 보고 다가와 "저도 퀴어예요." "깃발 고마워요." 라고 속삭이는 이들이 있었다. 그는 자신의 참여가 안전해지는 데 보탬이 된 것 같아 계속 용기를 내기로 마음먹었다.

그래서 대전보다 서울 집회에 더 많이 간 것이 그는 미안하다. 지역은 사람이 많지 않아 성소수자들이 안전감을 느끼기가 어렵다. "나 한 사람이라도" 보태야 하는데, 서울에 드나드느라 대전 집회에 별로 참여하지 못했다.

다행히 남태령 집회를 시작으로 광장이 점차 성소수자에게 안전해지는 걸

8 평등한 집회를 위한 모두의 약속. "우리는 성별·성적지향·성별정체성·장애·연령·국적 등에 관계없이 모두가 동등한 참여자입니다. 모든 참여자는 여성·성소수자·장애인·청소년·이주민 등 사회적 소수자를 차별하거나 대상화하는 말과 행동을 하지 않습니다."

9 프라이드 플래그, 성소수자 운동을 상징하는 깃발

그는 체감하고 있다. 한강진에서는 시민발언이 3연속 논바이너리가 이어질 정도였고, 화장실에는 성중립 화장실이라는 안내문이 붙기도 했다. 그러자 뉴스에서는 '이번 광장에서 성소수자들이 모습을 드러냈다.'는 식으로 보도되었다.

"아뇨, 갑자기 나온 게 아니에요. 우리는 언제나 있어왔어요. 당신들이 보지 않으려 했을 뿐이죠. 우리의 존재를 지우지 마세요."

남태령에서 한 농민이 "딸들아, 고맙다."고 하자, "딸 아니에요."라고 말하는 이들이 있었다. 농민은 "그래, 알아둘게."라고 답했다. 그 정도면 충분하다. 이해해달라고도 하지 않겠다. 존재를 부정하지만 않으면 된다. 그는 이 말을 꼭 전하고 싶어서 인터뷰 요청을 받아들였다고 했다.

반면, 그가 가본 전장연(전국장애인차별철폐연대) 출근길 시위(나는 지금까지 장애인 이동권에 대한 시위인 줄 알았는데, 서울대병원이 장애인 고용의무제를 지키지 않는 것에 대한 항의시위였다. 언론에서는 장애인들이 시민들의 출근길을 막는다고 하지만 실제로는 공공기관이 장애인의 출근길을 막고 있었던 셈이다)는 여전히 안전과는 거리가 멀었다. 시민들이 있을 때는 직원들이 멀뚱히 딴 곳을 보다가 지하철이 떠나면 바로 위협적인 태도로 돌변했다. 끊임없이 방송으로 자극하는 말을 쏟아냈고, 카메라를 얼굴에 들이밀며 채증을 했다. 그는 끌려 나가지 않기 위해 5명의 동지들과 스크럼을 짰다. 하지만 경찰들에게 팔과 허리를 잡혀 들려 나갔다. 경찰은 교통약자 개찰구 밖으로 그를 우겨넣듯이 던지고 돌아섰다. 말로만 듣던 폭력적인 불법연행을 처음으로 당했다. 그는 모멸감보다 공포감을 느꼈다.

하지만 며칠 후 그는 다시 혜화역으로 갔고, 또 오이도역 참사 24주기에 참석해 포체투지하는 장애인들 곁에 섰다. 어떻게 공포감을 떨쳐낼 수 있었냐고 묻자 그는 같이 차를 마셨기 때문이라고 했다. 서울대병원 앞에서 마무리 집회를 하고 인근의 사무실로 가 활동가들과 차를 마셨는데 그 시간이 참 좋았다고, 차츰 마음이 안정되고 위로가 되었다고 했다. 뭔지 알 것 같아서 더 묻지 않았다. 아마도 투쟁이 체화된 삶을 엿보면서 느끼는 경외심이었으리라. 제대로 알고 싶다면 직접 그들 곁에 서보는 수밖에.

"다시는 경험하고 싶지 않은 폭력이죠. 근데 원래 시위란 소란스러워야 한다고 생각해요. 시민들에게 불편을 느끼게 하고 손가락으로 가리키게 하고 그 끝에 차별과 폭력이 있다는 걸 인지하게 하는 게 시위의 본질이잖아요."

평화시위가 이어지다 보니 우리는 자꾸 투쟁의 본질을 잊는다. 중요한 건, 약자에 대한 폭력 때문에 투쟁이 일어났다는 사실이다. 폭력은 언제나 그들이 저지르고 비난은 약자가 받고 있다.

혜화역에서 돌아오는 길에 그는 '우사기'의 이름으로 기부를 했다. 그날은 그의 최애 캐릭터인 우사기의 생일이었다. 충실한 덕후이기도 한 그는 모든 시위에 우사기 인형을 데리고 간다. 당연히 SNS 인증은 필수다. 단결투쟁 머리띠를 둘러주기도 하고, 밤샘농성이 있을 때는 손수건으로 이불을 덮어주는 등 소소한 재미와 귀여움을 놓치지 않는다. 밤에는 응원봉 대신 우사기 무드등으로 어둠을 밝힌다. 깃발도 만들었다. '제초3급 자격증 소유자 모임'. 모르는 사람은 의아하겠지만 아는 사람은 알아본다. 우사기는 제초3급 자격증이 있다.

한번은 깃발을 두고 잠시 자리를 비웠다 돌아왔더니 누군가가 우사기 인형을 깃대에 붙여두었다. 단결투쟁 머리띠를 한 우사기 인형을 거통고(금속노조 산하 거제통영고성조선하청지회) 농성장에 두고 왔는데 며칠 후 신문에 나기도 했다. 동덕여대 집회를 알리려고 나눔 한 우사기 스티커가 세종호텔 농성장에 붙어있어서 엄청 반가웠던 적도 있다.

그는 최애 포토카드로 인증사진을 찍는 문화[10]처럼 시위 인증문화가 확산되면 좋겠다. 시위에 대한 부담과 진입장벽을 낮추고 싶기 때문이다. 그가 좋아하는 한 그림 작가는 그림 한쪽에 항상 수박을 그려 넣는 방식으로 팔레스타인과 연대한다[11]. 연대를 표현하는 다양한 방식이 널리 퍼져나가기

10 자신이 좋아하는 캐릭터나 포토카드를 활용해 인증샷을 남기는 문화. 이번 대선 때 투표인증을 포토카드에 하기도 했다.

11 팔레스타인 국기는 빨간색, 녹색, 검은색, 흰색으로 구성되어 있다. 덕분에 수박이 팔레스타인을 지지하는 상징이 되었다.

를 바라는 마음으로 그는 오늘도 부지런히 SNS를 넘나든다.

그런 그가 응원봉에 대해서는 조심스럽게 접근한다. 자칫하면 정치와 무관한 사람들 또는 아이돌 응원봉을 살 수 있을 만큼 돈을 쓸 수 있는 계층으로 한정지을까 봐. 그 외 다른 존재들이 지워질까 우려스러운 면도 있다. 특히 이번에 2030여성들이 많은 건 사실이지만, 광장에는 이전부터 수많은 활동가들이 있었다. "그들을 먼저 알아봐주었으면 좋겠다."고 그는 덧붙였다.

그는 많이 알려진 집회뿐 아니라 소규모 시위에도 적극적으로 찾아간다. "나 한 사람이" 더 필요할 테니까. 청소노동자나 성노동자 집회에 간 것도 같은 맥락이었다. 그들이 외롭지 않았으면 좋겠다. 어릴 때 그는 인사성 바른 아이였다. 다른 어른들에게도 인사를 잘했지만, 그의 인사를 꼬박꼬박 받아주는 사람은 청소노동자들이었다. 언젠가 그가 한 청소노동자에게 "선생님께 힘이 되어드리고 싶어요."라고 말을 건넨 적이 있었다. 그 기억을 떠올려 자유발언에서 "그 약속을 지키러 왔다."고 말문을 열기도 했다.

이런 식으로 청소노동자와 연루될 줄 그때는 미처 상상도 하지 못했다.

그는 "연대보다 연루되었기 때문"이라고 했다. 인류학자 조문영은 "연루란 잇닿고 인연을 맺으며 묶어내는 감각을 확인하는 일"이며 "이 세계 다수는 사실상 연루자"라고 했다. 그가 사랑하는 우사기는 잡초를 뽑는 일로 먹고사는 일용직노동자이자 농민이다. 심지어 노조도 없다. 농민 노동자와 이렇게도 연루되다니, 신기할 따름이다.

고 황유미 추모대회와 반도체 특별법 반대투쟁도 그와 연루된 일이다. 그는 성인이 되자마자 자신의 생계를 책임져야 했기 때문에 마이스터고에 지원했다. 그런데 지병 때문에 어쩔 수 없이 일반고로 옮겨야만 했다. 만일 계속 마이스터고에 다녔더라면 어쩌면 고 황유미 님의 일은 그에게 일어난 일이 될 수도 있었다. 그러니까 그의 참여는 '무관하지 않은 당사자'로서의 연대다.

"일상 속에 빛의 광장이 있으면 좋겠어요. 잠깐이 아니라 우리 인생 전체에."

평화는 "모두의 미래를 위한 일상이 아니라면 돌아가지 않겠다."는 안담 작가의 말을 언급하면서 "두고 가지 말라."고 했다. 만약에 두고 가더라도 우리는 분명 존재하기에 이전처럼 지워지지 않을 거라고, 이미 광장을 통해 모두에게 인식되었으리라고 단호히 말했다.

일상에서도 크고 작은 변화가 생겼다. 얼마 전 동지 중 한 명이 혐오발언을 한 적이 있다. 예전 같으면 아무 말도 못 했을 텐데, 그는 '대화할 용기'를 냈다. 조심스럽게 말을 꺼내자 그 동지는 바로 자신의 실수를 인정하고 수용했다. 대화하기를 포기하지 않는 것, 통념을 넓히고 받아들이는 것.

광장의 경험이 우리를 거기까지 데리고 갔다.

그는 아끼던 굿즈와 시집을 중고거래 플랫폼에 내놓았다. 여기저기 후원금과 교통비가 만만치 않았기 때문이다. 그런 와중에도 그는 여성의 날을 기념하는 '빵과 장미'를 나누기 위해 노란 장미(세월호 유가족의 몫으로)와 성심당 빵을 샀다. 나눔 할 스티커를 만들고 투쟁템도 마련했다. 나는 도대체 그 여유가 어디서 나오는 건지 궁금했다.

"남녀의 사랑이라는 '신화'를 벗어나면 더 큰 사랑이 보여요. 사랑을 나눌 대상이 넘쳐나거든요."

사랑하면 먹을 거 줄여서라도 꽃을 선물하고 싶었지, 웃게 해주고 싶어 없는 돈도 쥐어짰지. 어렴풋이 사랑의 기억이 떠올랐다.

더 큰 사랑이 몰려오고 있다. 더 큰 사랑으로 가득한 미래가 우리 곁에 와 있다[12]. 기술이 아니라 사랑 말이다. 두고 가지 않을게요. 아니, 우리도 같이 데리고 가주세요, 다양함이 존중받는 미래로.

12 '미래는 이미 우리 곁에 와 있다' (윌리엄 깁슨)

# 5 잡덕의 연대를 아십니까

TRPG/ 애니/ 만화/ 역사/ SF소설/ 생명공학 덕후

**빨강망토치즈**

빨강망토치즈(20대 대학생, 성별 미정, 대전 중구)는 흔히 말하는 잡덕이다. 온갖 것을 '먹는다'(좋아한다는 뜻). TRPG (일종의 주사위 게임), 애니, 만화, SF소설, 역사, 1차 창작물, 심지어 전공인 생명공학도 먹는다. 유일하게 실존인물만 먹지 않는다. 그래서 내가 국카스텐 덕후라는 걸 알고 조금 주저했다고 한다. 덕후들은 '싸우는 게 주특기(어디까지나 빨강망토치즈 개인 의견입니다)'인데 과연 인터뷰가 제대로 될까 우려되었다는 것이다.

다행히 우리는 웃는 얼굴로 인터뷰를 잘 마쳤다. 덕후들은 공공의 적이 나타났을 때는 누구보다 민첩하게 동맹을 맺는다는 사실을 그가 깜빡 잊은 모양이다. 그가 깃발을 만들려고 했을 때도 한 트친[13]이 나서서 도안을 디자인해 주었고, 무슨 장르를 파는지도 모르는 덕후들과 연대해서 푸드트럭을 보낸 적도 있는데.

"이런 동맹은 거의 '종족을 뛰어넘는 사랑' 같은 일이에요. 다시없을 사건이죠. 깃발 다는 법이나 집회 소식 등도 덕후들이 리트윗해준 덕분에 알게 되었어요."

그의 깃발은 '전국사교도연합'(참고로 서울에도 사교도 깃발이 있다). '사

13 '트위터 친구'를 줄여서 이르는 말

은하수네거리 농성장 앞에서 깃대를 든 빨강망토치즈

교도'는 TRPG에 나오는 용어로, 같은 장르를 파는 사람들이라면 그의 깃발을 보고 용기를 낼 수 있으리라 생각했다고 한다. 또, 그는 혼자 광장에 나오는 것을 무서워하는 사람들을 위해 "일행 없는 TRPG는 제 깃발 아래 오셔도 괜찮아요."라는 게시글을 올렸다. 당시 그는 트위터 계정을 공개하는 것에 두려움을 가지고 있었지만 용기를 내어 공개로 바꾸었다. 실제로 그의 트윗을 보고 함께 가도 되겠냐고 문의하거나 집회에 가는 방법을 알려달라는 메시지를 꽤 받았다. 행진할 때 그의 깃발 아래로 모인 사람들도 있었다. 덕분에 그는 광장에서 '사교도'라 불리는데, 사교도가 광장을 돌아다니다니 참 웃기는 일이 아닐 수 없다. 하지만 웃겼으니 그걸로 그는 만족스럽다.

그는 초등학교 고학년 때부터 덕질을 했다. 덕질로 세상을 배웠다고 해도 과언이 아니다. 만화 〈바람계곡의 나우시카〉를 보고 환경문제에 눈을 떠서 생명과 과학으로 이어지고 다시 역사와 사회로 넓혀가는 식이었다. 언젠가 퀴어나 과학 관련한 집회에 나갈 수는 있겠다고 막연히 생각했지만, 정치 문제로 집회에 나가게 될 줄은 몰랐다. 중학생 때 박근혜 탄핵집회에 가기는 했다. 하지만 그건 역사를 덕질하다 보니 중요한 역사적 현장을 놓

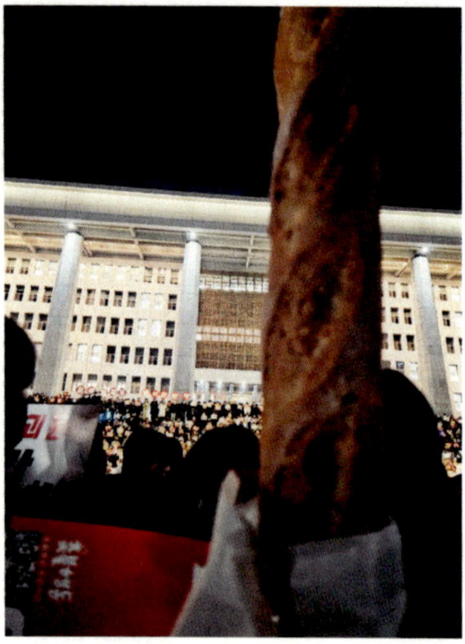

12월 4일 국회 앞에서 응원봉 대신 바게트를 들고

칠 수 없다는 덕후의 마음이 컸다(그때 이미 깃발을 부러워했기 때문에 이번에 기수가 되는 것에 대한 각오나 결심을 빨리 할 수 있었다). 지금은 현재를 살아가는 사람으로서 '부끄럽지 않은 삶'을 살아야 한다는 신조 때문에 가만히 있을 수 없었다.

계엄의 밤, 그는 애니를 보면서 그림을 그리고 있었다. 동시에 디스코드로 트친과 대화를 하고, SNS도 보고 있었다. 갑자기 트친이 외쳤다. "계엄 터졌다는데요?" 실트[14]를 확인한 그는 먼저 부모님께 전화했다. 정치에 회의적인 부모님은 듣는 둥 마는 둥 했다. 어느 정도 예상했기 때문에 그는 트친들과 밤잠을 설치며 분노했다. 설마 다음날이면 해결이 되어있겠지 생각했는데, 스크롤을 올릴 때마다 새로운 소식이 뻥뻥 터졌다. 너무 화나고 당황스러웠다.

그는 알바를 하면서도 계속 상황을 확인했다. 결국 알바가 끝난 오후 4시에

14 '실시간 트렌드'의 줄임말로, 실시간으로 많이 쓰이는 키워드를 뜻한다.

기차역으로 달려가 국회 앞까지 갔다. 같이 일하던 분이 응원봉 대신 들라고 바게트 빵을 쥐어주었다. 프랑스혁명 에디션이라는 농담을 덧붙이며.

그 후에도 두어 번 서울에 갔는데 교통비가 부담스러워서 자주 가지는 못했다. 그래도 유튜브로 보면서 계속 연대했다. 한강진 때는 유튜브로 보다가 참지 못하고 달려갔더니 키세스단은 거의 해산한 뒤였고, 반대편 사람들이 많이 모여서 계란을 던지고 있었다. 집회는 참석하는 인원수가 중요하다는 걸 새삼 깨닫는 순간이었다.

그는 광장에 나가는 게 별로 두렵지 않았다. 위기감을 느낄 때는 누군가와 함께 있어야 안정감이 생겨서 오히려 광장에 나가는 게 정신건강에 도움이 된다는 걸 알고 있었다. 실제로 많은 사람들이 화가 나고 불안했는데 광장에 나오니까 살 것 같다는 말을 많이 했다. 하지만 그는 주말에 알바가 있어 참석하지 못하는 날이 많았다. 그래도 틈만 나면 은하수네거리로 달려갔다. 대전 집회는 갈 때마다 마음이 따뜻해지곤 했다. 서울은 사람이 너무 많아서 그런지 집회가 시작되면 바로 단절감이 느껴졌다. 대전에서는 시민발언을 하고 나면 주최 측에서 알아봐주기도 하고, 기수들끼리 인사를 나누기도 한다. 알게 모르게 대전에 대한 애정이 생겨났다.

원래 그는 기성세대에 대해 부정적인 시선을 갖고 있었다. 꼰대 같고 보수적이라고 생각했다. 그런데 광장에서 좋은 어른들을 만나면서 인식이 많이 달라졌다. 다른 참석자들도 '평등수칙' 등을 통해 조금씩 달라진 것 같다. 초반에는 특정 발언에 침묵하거나 혐오를 드러냈는데, 시간이 갈수록 서로의 발언을 있는 그대로 받아들이는 게 눈에 보였다. 함께 성장해간다는 게 이런 거구나, 뿌듯했다.

그는 스스로 퀴어에 속한다고 느낀다. 과학 잡지를 구독하면서 뭔가 다르

단편 애니메이션 <다시 만난 세계>에 등장한 바게트 ©트위터@nakwon_01

다고 생각했던 자신의 정체성에 대해 조금씩 알게 되었다. 아직 계속 탐색 중이다. 그는 자연스럽게 법률과 정책에 대해서 관심을 갖게 되었고, 생활동반자법의 중요성도 깨닫게 되었다.

"결혼은 하지 않더라도 공동체를 이루며 살고 싶어요. 현재는 온전히 만족할 만한 정당이 없지만, 조만간 우리의 목소리를 정책으로 만들어 낼 수 있으리라 믿어요."

그러려면 탄핵이 끝나도 계속 집회에 나와야 할 것 같다. 그는 집회에 올 때 일부러 예쁜 옷을 입고 나선다. 한복이나 로리타 패션을 좋아하는데, 눈에 튀는 걸 싫어하는 우리나라 사람들에게 우리도 평범한 시민이라고 말해주고 싶다. 자주 눈에 띄어서 자연스럽게 받아들여지게 하고 싶다.

"덕후들은 행동할 수밖에 없어요. 내가 알게 된 사랑하는 이들을 외면할 수가 없거든요. 그게 연대의 시작이죠."

그는 덕후들은 예민한 경향이 있어 세상에 관심을 가질 수밖에 없다고 했다. 보통 사람들은 자신이 알지 못하는 것에 대해 떨떠름한 반응을 보이다가 슬쩍 외면하고 말지만, 덕후들은 세상이든 대상이든 깊이 들여다보고 파고든다. 새로운 해석을 하고, 자기투영을 하고, 보이는 것의 이면까지 보려고 한다. 흔히 덕질은 좋아서 하는 거고 즐기는 거라고 생각하지만 자신을 갈아 넣을 정도로 빠져들어야 겨우 내 것으로 향유할 수 있다. 한 번이라도 나 자신, 내 가족을 벗어나 더 넓은 세계를 품어본 적이 있다면, 어떤 것은 비하하고 어떤 것은 폄하하는 편협한 시선을 가질 순 없을 것이다. 사랑할 게 많으면 미워하고 혐오할 틈이 없다.

그러니 덕후들이 갑자기 광장에 나왔다는 말은 적절하지 않다. 덕후들은 그동안에도 각자의 자리에서 국민청원이나 리트윗 이벤트 등을 하고 있었다. 또한  덕심을 악용한 기획사나 사생 취급하며 과잉대응하는 경호업체, 심지어 우리가 사랑하는 대상을 착취하는 기업들과도 싸우며 지키고 쟁취해왔다. 그런데 갑자기 나오다니, 여태 보이지 않았다니.

"빨리 탄핵이 끝나고 원래 하던 덕질을 마저 할 수 있었으면 좋겠어요. 이미 덕질 일정이 너무 많이 미뤄졌어요."

그는 작년 12월, TRPG 게임을 하다 말고 광장으로 뛰쳐나오게 되었다. 그의 TRPG 팀은 게임 진행을 멈추고 그를 기다리고 있다(거의 두 달 동안 동결되어 있던 이야기가 4월에야 겨우 마무리되었다고 한다). 그는 감사의 마음을 담아 TRPG 팀 깃발을 새로 만들 생각이다. 집회에 참석하지 못하는 팀원들을 강제 연대시키겠다는 포부로, 모두에게 동의를 구했다. 한 번 만들었으면 환경을 생각해서 부서질 때까지 흔들어야 한다. 탄핵을 겪으면서 급격히 실행력도 높아졌고 자신감도 생겼다.

그에게 지금 가장 간절한 것은 TRPG를 편하게, 자유롭게 하는 거다. 얼마나 하고 싶었으면 집회에 가서 모르는 사람을 붙잡고 "혹시 TRPG를 아십니까?"를 시전[15]했겠는가. 다행히 그 사람이 응해줘서 오랜만에 짜릿한 시간을 보냈다.

혹시 집회에서 누군가 다가와 저랑 TRPG 하실래요? 묻는다면 일단 응해주라. 이왕이면 집회 사전행사로 TRPG를 마련하는 건 어떨까. 인사도 나누고 즐거운 시간도 갖고. 그렇게 함께했던 사람이라면 그가 퀴어이거나 덕후이거나 장애인이거나 또 다른 무엇일지라도 자연스럽게 받아들일 수 있지 않을까. 오, 이거 괜찮은데?

다른 사람들이 광장으로 나올 수 있게 용기를 주고 싶어 덕질 깃발을 만들었는데 나름 소기의 목적을 달성했다.

15 판타지소설 등에서 마법이나 기술 등을 보여주는 행위를 뜻하는 말이었는데, 지금은 문맥상 '감행' '사용' '실시' 등을 대신하여 사용된다.

# 6 자캐 앞에 한 점 부끄럼이 없기를

## 자캐 덕후, **유정**

이번에도 어마어마한 사랑을 만났다. 이전 세대가 독재에 맞서 정의와 신념을 지켜냈다면 지금의 광장 세대는 자신을 포함한 모든 존재들을 사랑으로 품어내려는 것 같다.

유정(20대, 여, 작가지망생, 대전 서구)은 '사람의 삶에서 저항한다는 것은 얼마나 가치 있는 일인가'라는 주제로 소설을 쓰고 있었다. 오랜 시간 공들여서 80% 정도 썼고 마무리되면 연재할 예정이었다.

그런데 계엄이 터졌다. 계엄 뉴스를 들었을 때 그는 계엄이라는 말에 우리가 아는 그 의미 말고 다른 의미도 있나, 생각했다. 분명 다른 의미가 있어야 했다. 그렇지 않으면 〈소년이 온다〉에서 나오는, 이 땅에 사는 사람들의 삶을 잔혹하게 파괴했던 그 계엄이 지금 튀어나올 리가 없잖은가. 그의 바람과는 다르게 계엄은 바로 그 계엄이었다. 국회에 군인들이 들이닥치고 국회의원과 시민들이 그 앞을 가로막고 있었다. 그 와중에 부끄럽게도 그는 자신의 글이 걱정되었다.

하필(?) 그가 쓰고 있는 소설은 저항을 말하는 내용이 아닌가. 계엄령하에서는 길 가는 사람을 아무나 붙잡아 가방을 뒤지고 그들이 정한 불온서적(그것이 시집일지라도)이 한 권이라도 나오면 막무가내로 끌고 가는 시대가 되는 건데, 그들은 분명 무슨 꼬투리라도 잡아서 자신을 끌고 갈 것이다. 아직 다 쓰지도 않은 글 때문에 등단도 하지 않은 무명작가가 잡혀갈

걱정을 한다는 게 어이없을지 몰라도 유정은 심각했다.

세상에 귀하지 않은 자식이 어디 있겠냐마는 유정은 18년 만에 얻은 늦둥이였다. 오로지 다치지 않고 안전하게 사는 것만이 효도라고 귀가 닳도록 들어왔다. 다른 건 몰라도 아프지 않고 몸조심하며 사는 것으로 효도를 대신해왔는데, 어쩌면 계엄 때문에 불효를 하게 될지도 모르는 상황에 놓인 것이다. 그는 잠시 고민했다. 오래 걸리지는 않았다. 죽더라도 써야지, 반드시 끝까지 글을 써야지. 그는 주인공에게 부끄럽지 않은 작가가 되기로 마음먹었다.

유정은 13살 때부터 소설가가 되겠다는 꿈을 가졌다. 엄마가 다른 사람들에게 그의 꿈이 소설가라는 걸 밝히지 않으면 자신이 부끄럽냐며 마구 화를 냈다. 그 정도로 그의 꿈은 단단했고, 그의 모든 것이었다.

소설을 쓰면서 유정은 신기한 경험을 했다. 글은 작가가 쓰는 건 줄 알았는데 오히려 이야기가 작가를 만들어갔다. 작가는 그저 받아 적는 사람이었다. 주인공 '산'이는 혼자 살아서 움직였고, 유정을 고통받는 이웃에게 다가가게 만들었다. 청소년인권행동 아수나로, 그린피스, 군인권센터 등을 후원한 것도 '산'이 시킨 일이었다. 그는 자신이 만든 캐릭터(자캐)가 너무 소중해서 자캐 덕질에 심취해있었다. '산'이 인형을 만들고 반지를 만들고 스티커를 만들었다.

작년 12월 3일은 마침 시험기간이었고, 모든 과목에 과제가 있어서 유난히 바쁜 첫 주를 보내고 있었다. 그런데 책상 위에 놓인 20센티짜리 솜 인형이 신경 쓰여 도저히 앉아있을 수 없었다. 만일 오늘도 못 가면 '산'이 그를 작가로 인정하지 않을 것 같았다. 그는 과제를 포기하고 서울로 올라갔다.

꿈에 대한 그의 간절함은 또 다른 덕질로 설명할 수 있다. 그는 드라마 〈장영실〉에 나오는 '희제'라는 인물에 푹 빠져서 아직도 헤어나오지 못하고 있다. 장영실의 라이벌로 나오는 희제는 별을 좋아하는 마음의 크기는 영실과 같으나 재능은 그에 미치지 못했다. 유정이 좋아하는 장면은 10화에서 희제가 수운의상대(천문시계)를 보는 순간 자기 자신을 잊고 넋을 놓는 모습이다. 그 장면을 보는 순간 열다섯 유정의 삶은 붕괴되었다. 이전의 유정은 죽었고, 영원히 다시 돌아갈 수 없는 상태가 되었다. 희제가 별을 얼마나 좋아하는지, 간절함이 크다는 건 어떤 고통인지, 큰마음을 품고 산

소설 속 캐릭터 산. 희망뚜벅이를 할 때 산의 손을 잡고 걸었더니 1.5인의 몫을 한 거 같았다

다는 게 얼마나 무거운 짐이 될 수 있는지, 그에 비하면 글을 좋아한다던 자신의 마음이 얼마나 하찮았는지 깨닫게 되었다. 심하게 우울증이 왔다. 잘 쓰고 싶다는 마음이 너무 커서 이틀에 한 번꼴로 아침에 일어나지 못했다. 쓰는 게 두려워서. 유정은 희제를 떠올리며 버텼다. 나보다 더 큰마음을 품은 희제도 끝까지 그 짐을 지고 갔는데 나도 이겨내야지. 희제는 끊임없이 유정을 돌아보게 했다.

지금은 그저 글을 쓰고 싶다. 대단한 무엇이 되는 것보다 글을 쓰는 순간을 좋아할 수 있게 되었다. 간절함이 중요한 게 아니라 쓰는 것 자체가 소중하다는 것도 알게 되었다.

그는 올해 학교를 잠시 휴학했다. 올해 안에 글을 마무리할 생각이다. 매일 아침 엄마가 출근할 때 같이 도서관으로 가서 글을 쓴다. 심혈을 기울여 5천 자를 쓰고 나면 하루해가 저물었다. 토요일에는 글 쓰는 일을 멈추고 집회에 간다. 얼마 전 윤석열이 탈옥한 후로는 매일 저녁 집회에 간다.

그는 팔레스타인 연대집회에 갔고, 혜화역 여성 딥페이크 시위에 갔고, 충남대 탄핵집회에 갔고, 구미옵티컬 희망뚜벅이에 참여했다. 아직 거통고 조선 고공농성장, 서울교육청, 세종호텔 등에 가지 못한 게 부끄럽다.

계엄 첫날의 비장함을 담아 그는 깃발을 만들었다. '내 글 앞에 부끄럽기 싫어서 온 아마추어작가연합'. 기수가 되니까 광장에 대한 책임감이 절로 생겼다. 서로 얼굴은 몰라도 깃발은 알기 때문에 오늘도 왔구나, 확인하고 안도하는 동료 기수들이 있다. 또래라 그런지 지금은 많이 돈독해졌다. 대전은 집회가 끝나면 꼭 뒤풀이를 한다. 노래 세 곡에 맞춰 신나게 깃발을 흔드는 거다.

대전 집회는 루틴이 확실해서 좋다. 발언 횟수도 정해져 있고 행진 시간도 정해져 있어 4시에 시작해 6시면 정확하게 끝난다. 토요일 일정에 끼워 넣기 부담 없다. 참석한 사람들도 친절하고 진행요원들이 모든 것을 주시하며 챙겨주고 있어 내 집에 온 것 같은 온기를 느낄 수 있다.

그는 지역에 대해서도 책임감을 느낀다. 2년 전 기후정의행진에 갔을 때 서울은 4만 명이 모였는데, 세종에서는 4천 명, 대전은 150명이었다. 그때 유정은 내 지역에 남아야겠다고 마음먹었다. 참여자로서만이 아니라 주최자가 될 수도 있다.

"거리행진을 하면서 거리라는 공간을 새롭게 바라볼 수 있게 되었어요. 거리에서 이런 일을 할 수도 있구나, 일상성을 벗어나 자유로운 상상을 할 수 있구나, 시위라는 게 사람들과 함께하는 멋진 일이구나 새삼 깨달았어요."

하지만 참가인원이 적으면 익명성을 확보하기 어렵다. 모든 카메라가 부담스럽다. 그는 지금도 절대 모자와 마스크를 벗지 않고 매일 같은 옷과 가방을 드는 것으로 자신을 철저히 감춘다. 감춘다고 해서 넓히지 않는 것은 아니다. 희망뚜벅이로 연대하러 갔다가 기후정의집회에서 함께한 사람을 다시 만났고 그가 대학생환경동아리를 소개해주어서 곧 동아리 활동을 시작하게 될 것 같다.

그렇게 조금씩 관계망을 넓히면서 그는 작가가 되는 것 말고 또 다른 꿈이 생겼다. 민주노총 조합원이 되는 것. 민주노총 배지를 달고 단결투쟁 머리띠를 두르고 싶다. 왜냐면 그가 간 모든 곳에 민주노총이 있었기 때문에. 그래서 마음을 열고 다양하게 경험해보려 한다. 얼마 전 시민발언에서 노점상 투쟁을 알게 된 덕분이기도 하다.

"우리가 거리에서 노점상을 많이 보잖아요. 그런데 그분들이 투쟁을 하고 계시다는 생각은 한번도 안 해봤습니다. 지금까지 글을 읽고 쓰면서 사람은 모두 다르다는 걸 모르지 않았지만 피상적으로만 알았구나, 정말로 세상은 너무너무 다양하고 모든 사람은 각자의 이름으로 각자의 투쟁을 하고 있구나 알게 되었습니다. 더 많이 관찰하고 더 넓게 둘러보려고 합니다."

이번 광장으로 당장 대단한 변화가 일어날 거라고 기대하지는 않는다. 하지만 우리는 분명히 누군가를 구하고 있다고 믿는다. 자신의 이야기를 하는 동시에 남의 이야기, 특히 소수자들에게 귀 기울여달라는 말을 잊지 않고 덧붙이는 걸 보면.

"사람 사는 이야기는 뻔해요. 계속되는 집회로 비슷한 발언들이 반복되죠. 그렇다고 감동이 반감되지는 않아요. 같은 말도 다르게 들려요. 이런 감각이 중요하다고 생각해요. 각자 말하고 다시 듣는 과정 속에서 존중이 생겨나는 거요."

유정의 글도 어쩌면 뻔한 이야기일지 모른다. 하지만 우리는 서로의 이야기를 보고 듣고 쓰고 읽으며 다름을 알아채고 받아들인다. 광장을 통해 더 단단한 '공동의 감각'을 만들어가는 중이다. 지금 우리에게 필요한 건 다양한 서사를 통해 개별성을 발견하고 삶이란 얼마나 풍성한 것인가를 깨우치는 일일지도 모른다.

탄핵정국이 끝나면 다시 글을 쓰는 일상으로 돌아가겠지만, 유정은 광장을 통해 민주노총과 동지가 되었고 노점상과 동지가 되었다. "우리는 앞으로도 투쟁할 것이고 죽을 때까지 투쟁"할 거라고 말하는 그의 뜨거움에 나는 데어버릴 것만 같다.

인터뷰가 끝나고 그가 내게 소감을 물었다. 인터뷰이가 내 소감을 묻는 일은 처음이다. 내 이럴 줄 알았다. 나는 타고난 작가 앞에서 순식간에 찌그러졌다. 실은 인터뷰하는 내내 그랬다. 그저 기록이나 하는 내가 무슨 언어를 끌어다 작가의 세계를 전할 수 있을까 걱정이 앞섰다. 작아진 내가 "매번 어떻게 쓰지? 내가 과연 쓸 수 있을까? 그 생각뿐."이라고 답했더니 그는 너무나 이해한다는 듯이 크게 고개를 끄덕였다. 그에게 공감받자 나는 다시 조금 커졌고, 쓸 수 있었다.

쓰는 게 중요하다. 수정에 수정을 거듭하면서 계속 쓰고, 마치는 게 중요하다. 너무 잘할 필요는 없다. 잘하는 건 다음에. 어쨌든 나는 썼다.

우리의 투쟁도 하는 게 중요하다. 계속하는 게 중요하고, 마치는 게 중요하다. 그러니까 내란도 잘 마쳐야 한다. 내란공범을 끝까지 몰아내야 한다.

12월 7일 응원봉 대신 들고 간 성탄등불

# Chapter 2. 민주주의 뉴비

## 7 노오력하는 이들에게 다정한 정치를

철인3종 덕후, **진명**

고백하건대, 인터뷰 도중에 이번 섭외는 실패라고 생각했다. 그는 내 인터뷰 요청 글을 자세히 읽지 않고 그저 호기심으로 동의했다고 말했다. 혹시라도 이런 상황이 오면 어쩌나 예상해보지 않은 건 아니다. 그래도 집회 내내 집중하는 이들을 찾아 인터뷰 요청을 하기 때문에 실패할 가능성은 거의 없으리라 믿었는데, 망했다.

그는 광장에 나온 건 두 번뿐(인터뷰는 3월 17일 행해졌다)이고 그것도 한 번은 탄핵집회가 주목적이 아니었다고 했다. 나는 인터뷰를 마무리하면서 미안하지만 기획의도에 맞지 않으므로 쓰지 않을 수도 있다고 양해를 구했다. 그는 흔쾌히 괜찮다고, 좋은 대화를 나눈 걸로 충분하다고 했다.

집으로 돌아오는 길에, 그의 이야기를 굳이 빼야 하나 싶은 생각이 들었다. 잠시 후 꼭 넣어야겠다고 마음을 굳혔다. 광장에 계속 나오고 응원봉과 깃발을 흔드는 사람만 탄핵을 바라는 건 아니니까. 때로는 간절히 원해도 광장에 나오지 못할 수도 있으니까. 마침 시간이 되어서 광장에 나온 거라던 츠네모리(29쪽)의 말대로, 시간이 되는 사람이 먼저 광장을 지키고 있으면 바통 터치하듯이 또 다른 누군가가 교대해줄 수도 있는 거니까.

3.8여성대회에서 ©써니

광장에서 진명(만 31세, 여, 직장인, 대전 대덕구)을 본 건 3·8여성대회가 있던 날이다. 그의 생애 첫 집회였다. 주중에는 사무직으로, 주말에는 판매직으로 쉬는 날 없이 일을 하는 그에게 집회 참여는 수일 전에 미리 회사에 양해를 구해야 하는 번거로운 일이었다. 그러니까 그는 꽤 큰 결심과 실천력을 바탕으로 그 집회에 나온 것이다.

그는 스스로 페미니스트라 칭했다. 부당하고 꺼림칙하지만 다들 적응하고 사는데 혼자 불평하는 거 같아 꾹 참았던 무언가가 있었다. 친구가 그것을 정확하게 짚어내면서 그게 바로 페미니즘이야, 라고 말했다. 진명은 속이 뻥 뚫리는 듯 시원했다. 유레카를 외치며 당장 페미니즘 독서모임을 시작했다. 이제 막 한 권의 책을 읽는 중이라 아직 지식은 없지만 누구보다 페미니즘에 진심이라고 했다.

"나는 결혼이라는 제도를 받아들이기 힘들어요. 나를 구원할 사람은 다른 누군가가 아니라 나 자신이고요, 나를 벌어먹이기 위해 경제활동을 계속하고 싶어요. 그러니까 내가 잘되는 게 중요해요."

여성대회는 미디어에서 본 것에 비해 규모가 작고 참여자도 적어서 매우 실망했다. 이어진 탄핵집회에는 꽤 사람이 많았다. 이왕 탄핵집회에 나올 거면 조금 일찍 와서 여성대회에도 참여하면 얼마나 좋을까 살짝 아쉬웠다. 페미니스트들이 더 뭉쳐야겠다고 마음을 달랬다.

서울 부럽지 않게(가보지는 않았지만) 깃발이 휘날렸고, 거리행진을 하면서 노래 부르고 구호를 외치니까 마치 '락페'(록 페스티벌)에 온 것 같았다. "음악이 있고 깃발이 있고 함성과 떼창이 있으니 집회가 락페 같다."던 밈을 실제로 경험하다니. 게다가 작년 세종 락페에서 만난 사람을 광장에서 만나기도 했다. 익숙하게 깃발을 흔들고 있던 그는 바로 링고였다.

진명은 2023년부터 락페에 다녔다. 원래 그는 친구들이 같이 가주지 않으면 가고 싶은 데가 있어도 슬그머니 포기하고 마는 성격이었다. 그런데 당시 대장암에 걸린 엄마를 모시고 병원에 다니면서 생각을 바꿨다. 나중에 후회하지 말고 지금 하고 싶은 일을 마음껏 하자. 그래서 부산 락페를 질러버렸다. 락페는 천국 같았다. 비싼 숙소비를 아끼려고 오픈채팅방에서 동행을 구했는데, 첫 락페라는 그에게 일행들은 모든 것을 베풀었다. 맛있는 거 사주고 원하는 거 해주면서 진명을 배려했다. 그런 환대와 나눔은 처음이었다. 그는 받은 사랑을 다음 락페에서 내리사랑으로 베풀었다.

사실 덕후들에게 환대와 나눔은 일상이다. 덕질 공간에서는 누구나 환대받는다. 내가 좋아서 만든 굿즈를 생전 모르는 사람들에게 기꺼이 나누고 이제 막 입덕[16]한 뉴비[17]들에게 더없는 친절을 베푼다. 좋아하는 포인트가 티끌만큼 차이가 나도 목소리 높여 싸우기도 하지만 그게 바로 서로의 존재를 인정하는 방식이며 환대할 이유가 되기도 된다. 돌봄과 환대의 정동은 대체로 사그라들지 않고 언젠가 발현되는 법이다.

락페에 이어 그는 아쿠아슬론[18]에 도전했다. 원래는 달리기를 너무 싫어해서 어릴 때 운동회를 하는 날이면 미리 넘어져 다쳐서라도 달리기를 피했다. 초등학교 6년 내내 한 번도 달리기에 참여하지 않을 정도였다. 그런데 뒤늦게 달리기를 해보고 싶었다. 올해는 철인3종 경기에도 참가한다. 사이클이 너무 비싸 아쿠아슬론만 했는데 큰맘먹고 사이클을 샀다. 완주를 목표로 매일 아침 사이클과 달리기를 연습하는 중이다.

계엄이 터지던 날도 그는 다음날 운동을 위해 일찍 잠들었다. 아침에 일어나서야 밤새 큰일이 벌어졌다는 걸 알았다. 하지만 계엄을 겪어본 세대가 아니어서 그런지 무게감이 전혀 와닿지 않았다. 어쨌든 마무리도 된 것 같아 안심하고 평소와 다름없이 운동하고 출근했다.

그런데 한 모임에 갔다가 "계엄 이후 안녕하신가요?"라는 질문을 나누는 걸 보며 뭔가 잘못되었다는 걸 깨달았다. 생각보다 큰일이 벌어졌구나. 그

16 입장(入場)+덕질의 줄임말. 말 그대로 덕질을 시작한 것을 뜻한다.

17 newbie, 신참, 새로 온 사람을 뜻한다. 아직 익숙하지 않은 것을 비하하는 표현으로 쓰였지만, 요즘은 새로 입덕한 사람을 친근하게 부를 때 주로 쓰인다.

18 수영과 마라톤으로 구성된 종목

계엄 전 평화롭게 사이클을 타던 모습

인터뷰 이후, 행진 중인 진명을 발견했다.

뒤로 그는 뉴스를 챙겨보기 시작했다. 북의 오물풍선을 유도했다는 사실을 뒤늦게 알고 분노가 치솟았다. '안보는 보수'라면서 어떻게 전쟁을 일으키려 한단 말인가. 서울에서 대규모로 집회하는 걸 보면서 감동이 벅차오르고 감사한 마음이 들었다. 하지만 자신의 일이라고는 생각하지 못했다. 그보다는 윤석열을 뽑아준 사람들에게 책임을 묻고 싶었다.

그는 대통령 선거에 관심이 많았다. 박근혜 대통령 때에는 아직 투표권이 없었는데도 주변 사람들에게 지지하는 후보를 묻고 다녔다. 좋아하는 언니 오빠들이 박근혜를 지지한다는 말에 선택의 근거가 뭐냐고 따져 묻기도 했지만 그럴싸한 답변을 들을 수는 없었다.

"독재자의 자식으로서 참회가 먼저이지 않아요? 그런 문제의식이 전혀 보이지 않는데 어떻게 그를 지지할 수가 있어요?"

박근혜 탄핵 때는 재수를 하던 시절이라 참여하고 싶어도 할 수 없었다. 윤석열 대통령은 대선토론회만 보고도 고개를 저었다. 대선 이후 그의 행태는 술먹방에 출근도 하지 않는 등 참혹하기 그지없어서 더 말을 얹을 것도 없다. 그 외에도 그는 "정치는 생활과 밀접하게 관련이 있기 때문에 노동자 입장에서는 진보를 지지해야 하는 거 아니냐."고 했고, "기득권이 생기면 보수화될 수도 있으니 조심해야 한다."는 말도 했다. 또 절차만 까다로운 탁상행정에 대해서도 비판했다. 인터뷰 중간에 가서야 섭외 실패라는 걸 알게 된 것도 "정치는 나의 이익과 직결되는 문제"라며 시작부터 그가 열을 올렸기 때문이다.

그는 먹고사는 게 너무 바빴다. SNS를 하지 않는 그로서는 남태령대첩이나 한강진의 키세스단이 어떻게 모이고 어떤 변곡점을 이루었는지 전혀 알 수 없었다. 이 또한 파편적으로 뉴스 단신을 접했을 뿐이다.

"SNS는 행복을 전시하는 곳이잖아요. 남들의 행복을 들여다보며 비교당하고 싶지 않아요."

그는 방해되는 요소들을 한쪽으로 밀어두고 현실적인 문제에 집중해야 했다. 현실적인 문제란 바로 '내집마련'이었다.

그는 일찍부터 주택청약을 시작했다. 은행직원으로부터 "이렇게 관리 잘한 통장은 처음 본다."는 소리를 들을 정도지만, 가점제에 해당되는 게 없어 아직 내집마련은 요원하다. 적금 목표를 늘리고 투잡을 하면서 어떻게든 이뤄보려고 애쓰지만 수시로 절망을 느끼고 불안하고 우울하다. 집은 인간답게 살기 위한 최소 조건인데 이렇게 어려운 게 맞나 싶고 모든 게 무능력한 자기 탓인 것 같다. 아무리 유리한 정보를 찾으려고 전전긍긍해도 그는 늘 정책대상에서 소외되어 있다.

그런 와중에 윤석열이 구속취소가 되고 구치소를 걸어 나오는 장면을 보았다. 그는 절망적인 마음이 되었다. 정말 대한민국에서 잘살고 싶은데, 탈조선밖에 답이 없구나 생각했다.

그래서 다시 집회에 나왔다. 나 하나쯤은, 내가 아니어도 누군가 할 거라고 미루던 일을 지금 당장 하지 않으면 더는 기회가 없을 것 같았다. 락페나 철인3종 경기를 미루지 않고 바로 시작했던 것처럼 그는 집회에 나가는 것도 더 이상 미루면 안 된다는 것을 직감했다. 토요 집회에서 매일 집회로 바뀐 후 페미니즘 독서모임에서 다 같이 집회에 가기로 했다. 그는 자원봉사를 신청해서 야광봉을 들고 행진을 도왔다.

그날 어린이 합창단이 무대에 올라 노래를 불렀다. 그는 아이들을 보며 무한한 책임감을 느꼈다. 저 아이들이 사는 세상은 공정하고 공평한 세상, 경제적 양극화가 해소되고 중산층이 늘어난 세상이면 좋겠다. 무엇보다 내집마련이 이토록 어렵지 않았으면 좋겠다.

탄핵 이후 어떤 정책이 가장 시급한 것 같냐고 묻자 지금까지 청산유수로 말하던 그가 머뭇거렸다. 잠시 후, 그는 중요한 걸 깨달았다는 표정으로 말했다.

“정책은 정치인이 하는 거고 우리는 좋은 정치인을 뽑는 거라고 생각했는데, 정책을 만들어 가는 과정에 우리가 참여할 수도 있는 거군요.”

그는 한참 고민하다가 정책보다 우선 자유발언을 해보고 싶다고 했다.

"능력 없고 노오력하지 않은 사람이 징징대는 거 같아 말하지 않으려고 했는데, 우선 내집마련에 대해 발언해보고 싶어요. 이번 집회는 다들 그렇게 자신의 이야기를 펼쳐놓을 수 있다면서요."

조만간 그가 집회에 와서 무대에 오르면 두 팔 벌려 환영해 주기를(당연히 그러하겠지만). 그가 펼쳐놓은 이야기가 정책이 되어 그를 구하는 날이 빨리 오기를. 주 5일만 일하고도 내집마련을 하고 사이클을 사고 락페에 갈 수 있기를.

만일 깃발을 만든다면 뭐라고 쓰고 싶냐고 묻자 그는 '내집마련추진회'라고 답했다. 쉬지 않고 일하는 노동자가 두 발 뻗고 누울 수 있는 공간 하나가 절실하다. 진명과 또 다른 진명 들이 마음껏 징징대고 자신의 어려움과 절망을 펼쳐놓을 해방구를 마련하라. 듣는 '귀'를 가진 정치인을 원한다. 마음껏 말하게 하고 양껏 배우게 하고 깊이 공감해 주는 다정한 정치가 펼쳐지면 좋겠다.

덧. 그는 분명 광장에 선 1/N이고, 인터뷰 기획에 꼭 맞는 사람이었다. 함부로 실패 운운한 저를 매우 꾸짖어주세요...

# 8 저들이 만든 거야, 벼락활동가로

## 무협소설 '화산귀환' 덕후, **무릎**

예로부터 나라 꼴이 개판일 때면 산적이 들끓었다. 핍박과 착취를 견디지 못하고 산적이 된 이들은 자신의 생계보다 부패한 관료와 권력을 바로잡는 일에 더 큰 힘을 쏟기도 했다. 이번에도 내란수괴를 잡겠다는 '협의(俠義)'을 이루기 위해 무림의 문파와 사파들이 '하오문', '사천당문,' '대화산파' 등의 깃발을 들고 서울 광화문 광장에 모여들었다. 들리는 말에 의하면 어떤 치들은 한자만 보고 중국인들이 탄핵에 대거 참석했다는 주장을 한다는데, 언론에서 팩트체크까지 한 바 무협웹소설 장르를 즐기는 덕후들로 밝혀졌다. 여기 대전에도 산적을 자칭하는 깃발이 휘날렸다. 이름하여 '녹림칠십이채 보문산지부.'

나는 처음 깃발을 보고 대전 보문산을 지키는 환경단체인 줄 알았다. 같은 걸 보고 어쩌면 이렇게 다르게 생각하는지, 과연 우리는 같은 세계에서 같은 시간대를 사는 동시대인인지 모르겠다. 개별자의 자기 인식이 인간의 존재방식이라지만, 이토록 각자 다른 세계를 보며 살아갈 줄은 계엄 이전에는 미처 몰랐다.

"계엄만 안 했어도 저들이 원하는 대로 아무 생각 없이 살았을 거예요. 대충 어떤 사회문제가 있는지 모르지는 않았지만, 어떻게 하겠어요? 근무시간은 늘어나고 월급은 줄어들어도 노조에 가입할 엄두조차 못 내는 소시민인걸요. 나는 그냥 그렇게 '빨대 꽂힌' 채 살았을 거예요, 계

남태령 에디션 부채

엄만 안 했어도."

원래 '말랑한 무릎'이 풀네임이었던 무릎(30세, 여, 퇴사예정자, 대전 중구)은 한 해 중 1/3을 집회에 다니느라 말랑했던 살이 단단해졌다. 그는 얼마 전까지만 해도 체제에 순응하다 못해 체념하는 쪽에 가까웠다. 계엄이 터진 바로 그날도 그랬다. 친구들 단톡방에 계엄 소식이 올라왔다.

"계엄??? 우리가 아는 그 계엄???"

무릎은 너무 황당하고 어이가 없었다. 가봐야 하는 거 아니냐는 말도 있었던가. 하지만 그는 친구들의 걱정 어린 말들을 한참 들여다보다, "우리가 할 수 있는 일이 뭐가 있겠냐. 그만 자자."라고 쓰고는 그대로 잠들어버렸다.

다음 날 아침에야 그 밤에 국회에 간 사람들이 있었고, 그들이 총 든 군인과 탱크를 맨몸으로 막아서서 우리를 지켜냈다는 사실을 알게 되었다. 그 순간 그 감정을 뭐라고 말해야 할지 모르겠다. 할 수 있는 일이 없다고 생각한 자신과 눈발이 날리는 추운 날씨에 외투도 챙겨 입지 못하고 츄리닝 차림으로, 슬리퍼 바람으로 달려 나간 사람은 뭐가 달랐던 걸까. 어떻게 그럴 수 있었을까. 돌이켜 그들을 떠올리는 무륲의 눈빛에 그날의 경외감이 다시 어렸다.

그날 저녁 무륲은 SNS로 대전 집회 소식을 찾아보고 은하수네거리로 나갔다. 회사에서는 계엄이고 뭐고 아무 기색이 없어서 다른 사람들은 별 관심 없구나 생각했는데, 그곳에는 만 명이 넘는 사람들이 거리를 가득 메우고 있었다. 나만 답답한 게 아니었구나, 한마음 한뜻이었구나 안심이 되었다.

그런데 윤석열정권퇴진집회가 이미 10여 회 차라고 했다. 계엄 이전부터 어떤 사람들은 계엄 상태로 살아가고 있었고, 누군가는 벌써부터 살려달라고 발버둥치고 있었던 것이다.

무륲은 그 뒤로 올출[19]을 했다. 응원봉 대신 우레탄 망치에 다이소 전구를 둘둘 말아서 들고 다니다가 너무 무거워서 임소병(그가 좋아하는 무협소설 〈화산귀환〉에 나오는 인물)에게 어울리는 LED부채로 바꿨다. 그전에 잠시 고민했다. 금방 탄핵이 될 텐데 며칠 걸릴 해외배송상품을 사는 게 맞을까. 고민이 무색하게 한 달 넘게 부채를 들고 다녔고, '차 빼라'를 써넣어 '남태령 에디션'이 되기도 했다.

깃발도 만들었다. 이번에도 서너 번 쓰고 말겠지, 하는 생각에 120센티 크기로 만들었다가 한 달 넘게 썼고, 180센티 크기로 다시 만들면서 두어 번 쓰겠지, 했는데 또 한 달이 넘었다.

19 all출석의 줄임말. 콘서트나 팬미팅 등 오프라인 행사에 모두 참석한 경우를 말한다.

초기 응원봉이던
우레탄 망치

"저들이 먼저 건드린 거예요."

그는 다시 한번 강조했다. 무협의 도에 감응된 덕후로서 마음이 시키는 일에 충실하지 않을 도리가 없었을 것이다. 각자의 세계가 다른 것 같아도 무협의 세계나 현실세계나 타파해야 할 마도(魔道)와 지켜야 할 정도(正道)는 있는 거니까.

무릎은 이제 서울로 연대집회까지 다니는 '벼락활동가'로 거듭났다. 남태령에 늦게 간 게 부채감으로 남았기 때문이다. 남태령대첩이 있던 날, 그는 덕친[20]과 서울 집회에 참석한 뒤 술자리를 갖기로 약속이 되어있었다. 남태령이 고립되었다는 소식을 알게 된 건, 이미 술을 어느 정도 마신 후였다. 그는 "술 취한 우리가 가서 무슨 도움이 되겠냐."며 계속 술을 마셨다.

다음날 아침, 밤새 경찰과 대치한 상황이었다는 걸 알고 그는 허둥지둥 달

20 덕질 친구의 줄임말. 덕메(덕질 메이트)라고도 한다.

려갔다. 중요하고 필요한 순간에 함께하지 못해서 너무 미안했다. 종일 같이 싸워서 경찰들이 물러나고 길이 열리는 감동과 함성을 나누고도 미안함은 가시지 않았다. 교대하러 와준 이들에 대한 감사의 말들이 회자되는 것도 알지만 그럴수록 아쉬움은 더 커졌다. 이번에도 할 수 있는 일이 없다고 주저앉은 자신이 말도 못 하게 실망스러웠다.

깊은 부채감은 그를 한강진으로, 서울교육청으로, 혜화역으로, 동덕여대로 달려가게 했다. 얼마 전에는 월요일 연차를 내고 일요일에 세종호텔에 가서 농성장에서 자고 아침에 전장연 시위에 갔다가 기차 시간이 애매하다는 이유로 다시 세종호텔로 와서 점심 선전전에 참여하고 저녁에는 은하수네거리로 오는 대장정을 해내기도 했다.

"은근히 중독적이에요. 내가 달려가는 걸로 도움이 되는구나, 나를 반겨주는구나. 그걸로 충분히 만족스러워요."

멀리서 깃대가 보이면 우리 편이라는 걸 알아보는 사람들이 있다. 그분들이 웃으며 고개를 끄덕이면 뿌듯하고 안심이 된다. 어쩌면 정의감이 아니라 인정욕구일지도 모르겠다. 그럼 어떠랴. 살면서 이런 효능감은 처음인데.

타인에게 인정받을 만한 일을 안 해본 건 아니다. 대학 때 그는 강릉, 주문진, 안목 인근에 있는 관광지마다 휠체어 경사도를 조사하고 화장실 문 폭이 규격에 맞는지 체크해서 '배리어프리 관광안내지도'를 만드는 프로젝트 활동을 했다. 그 후 장애인복지관과 인연이 닿아서 자원봉사 하는 고등학생들을 인솔하기도 하고, 졸업 후에는 강릉시 배리어프리 관광안내를 위한 기초작업을 돕기도 했다. 그 정도면 장애인 이동권에 나름 기여했다고 자부했다. 그런데 전장연 선전전에 갔다가 장애인들이 폭력적으로 끌려나오는 모습을 보고 그의 작은 자부심은 한순간에 푸시식 꺼져버렸다.

수많은 활동가들이 어떻게 여기까지 왔는지, 또 아직 갈 길이 얼마나 먼지 바로 확인해버린 것이다.

"우리는 누구나 예비장애인이잖아요. 나이 들거나 병들거나. 150살까지 살고 싶거든요. 그때를 대비해야죠, 미래투자개념으로."

그때 프로젝트 동아리 이름이 '두루ME'였다. 두루두루 좋은 게 나에게도 좋은 거라는 의미를 담고 있다. 두루두루 좋아져서 나에게도 좋은 사회가 되면 좋겠다. 여전히 노조에 들어가거나 정당 가입을 하는 등 조직에 참여하는 건 부담스럽지만 문턱은 낮아진 느낌이다. 언젠가 필요하면 할 수도 있겠지.

그동안 그는 혼자 집에서 〈화산귀환〉 그림 연성[21]을 하며 조용히 살았다. 어릴 때부터 그림을 그리고 싶었는데 집안 형편이 안 되었고 재능도 모자란 것 같아 포기했다. 몇 년 전 힘든 시기를 보낼 때 우울한 마음을 달래려고 다시 그림을 시작했는데, 지금은 그림 그리는 게 유일한 취미다. 나중에는 동화책 삽화를 그리며 살고 싶다는 꿈을 꾸기도 한다.

이제 다시 그런 일상으로 돌아갈 수 있을지 모르겠다. 스스로 활동에 제한을 두고 있었다는 것, 생각보다 더 많은 일을 할 수 있다는 것, 기웃대는 것만으로 도움이 되는 곳이 있다는 걸 알게 되었으니까.

"습관이 몸에 배려면 3개월 정도 걸린다죠. 우리가 100일 넘게 깃발을 흔들었으니 완전 습관이 됐잖아요. 수습기간 끝나고 정직원 된 거예요."

21 원래 만화/애니메이션에서 연금술사들이 연금술로 무언가를 만드는 것을 뜻하는 말이었는데, 지금은 주로 글이나 그림을 창작하는 행위를 뜻한다.

전국의 기수들이 이 맛을 알아버렸으니 어쩌랴. 연대가 필요한 곳마다 기수들이 협객처럼 달려갈 것이다. 그 자체로 사회대개혁의 발판이 마련되었다. 탄핵을 넘어 사회대개혁으로 가자는 구호는 이제 시간문제다.

파면이 되면(아직 선고일도 나오지 않았을 때다) 뭘 하고 싶으냐는 질문에 그는 숨도 쉬지 않고 "잠잘 거예요."라고 말했다. 주말을 잠으로만 채우고 싶다고, 24시간 누워만 있고 싶다고 했다. 쉬는 날 없이 연대투쟁을 다녔으니 그럴 만하다.

4월 5일에 덕친들과 행사교류회[22]가 잡혀있는데, 아직 약속한 회지를 만들지 못했다. 당연히 그전에 탄핵이 끝나겠지 생각하고 넉넉하게 기간을 두고 정한 날짜였다. 근데 지금껏 파면선고가 나오지 않다니 이럴 수는 없는 거다. 설마 모임 하다 말고 집회에 가야 하는 건 아니겠지. 이런저런 걱정에 그는 오늘도 그림에 손을 대지 못한다. 제발 다음 주말에는 종일 누워서 연성이나 하게 해 주면 좋겠다. 다시 말랑한 무릎으로 돌아갈 수 있게.

22 같은 장르 덕후들이 모여 2차 창작물을 나누며 소통하는 모임 또는 행사를 의미한다.

# 9 일상정치의 꾸준함을 어찌 당할 것이냐

## 2.5D 뮤지컬 '도검난무' 덕후, **경세**

네 달째 이어진 탄핵집회에 꾸준히 나오는 이들은 어떤 사람일까. 2030 여성이 압도적으로 많다는 서울과 달리 대전은 민주노총과 함께하는 집회라 그런지 머리에 붉은 띠를 두르고 조끼를 입은 노동자들이 단연 많다. 응원봉을 흔드는 사람도 많지 않고 젊은 여성도 압도적으로 많은 건 아니다. 그럼에도 꾸준히 자리를 지키는 이들이 있는데, 경세(24세, 여, 대학졸업반, 세종시)도 그중 한 명이다.

"12월에는 학교가 있는 전주 집회에 나갔고요, 지금은 본가가 있는 세종에서 대전으로 주말마다 나와요."

세종은 공무원의 도시이다 보니 대놓고 집회에 참석하는 게 아무래도 불편하다. 세종뿐 아니라 인근 소도시에 사는 사람들도 대체로 가까운 대전으로 모이는 편이다. 경세 아버지도 공무원이라 경세는 부모님 몫까지 하겠다며 동생을 데리고 대전으로 온다.

경세는 "성소수자도 아니고 다문화도 아니고 어떤 집단을 대표할 만한 게 없는 평범한 사람"이라 인터뷰 대상으로 적절한지 모르겠다고 했다. 하지만 세상에 평범한 사람이 어디 있을까. 다양함은 특별함일까. 평범함과 다양함은 어떻게 다르고 어떻게 같을까. 평범함이라는 말 속에는 얼마나 많은 차별과 편견, 혐오와 배제가 숨어있을까.

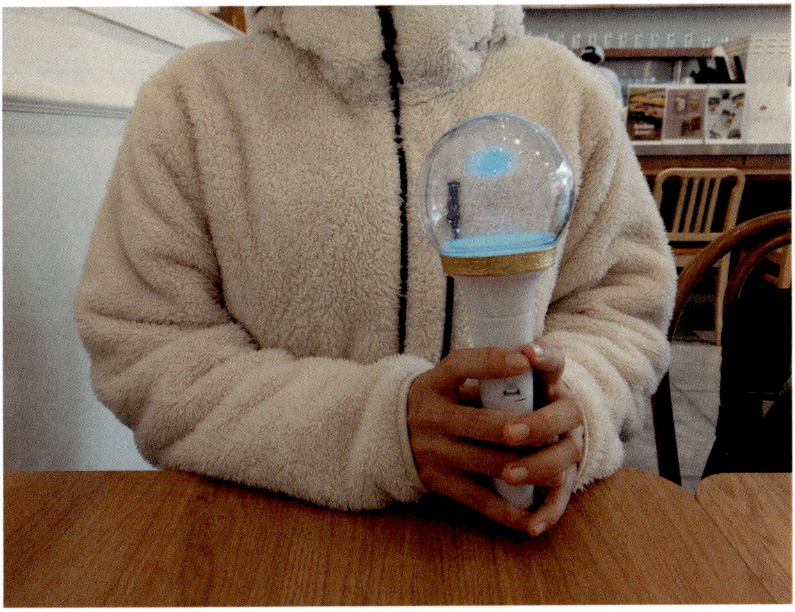

그의 응원봉은 <도검난무>의 연말 공연 굿즈다. 일본의 덕친이 구해주었다. 그때만 해도 이걸 광장에서 흔들 일이 있으리라고는 전혀 생각지 못했다.

경세는 양가가 모두 전라도 집안이라고 한다. 집안 어른들도 모두 현대사의 아픔을 잘 알고 같은 목소리를 내었기 때문에 어릴 때는 세상 사람들이 모두 같은 의견인 줄 알았다. 당연히 자유당은 없어졌고 독재는 청산된 줄 알았는데, 박근혜 대통령이 선거에 나오면서 그들이 스멀스멀 모습을 드러내는 것을 보았다.

어머니는 살면서 지역감정을 알게 모르게 겪어왔기 때문에 지금도 여전히 앞에 나서는 일은 꺼린다. 이번 계엄을 준비하면서 전라도 출신은 빼라는 지시가 있었다는 걸 보면 어머니의 걱정은 기우가 아니라, 엄연히 현존하는 편견이고 배제이며 혐오의 민낯이다.

어머니는 경세가 집회에 가겠다고 했을 때 "다른 사람들이 충분히 나가고 있는데 너까지 나갈 필요가 있냐. 그러지 않아도 윤석열은 탄핵이 될 거"라며 경세를 말렸다. 경세는 "아니, 내가 나가야 탄핵이 된다. 서울은 사람이 많지만, 지역은 열악하기 때문에 내가 가서 머릿수를 채워야 된다."며 어머니를 설득했다.

"민주주의는 나로부터 시작이에요. 내가 움직여야 비로소 시작되죠."

사실 처음 집회에 갔을 때는 어머니에게 친구들과 놀러 간다고 둘러댔다. 다녀온 이후에야 서울 집회에 갔다 왔다고 솔직히 말했다. 어머니는 조금 놀랐지만 요즘 집회는 예전과 달리 평화롭게 진행되는 걸 알고 별말씀이 없으셨다. 이제는 집회에 다녀오겠다고 하면 조심히 잘 다녀오라고 할 뿐이다.

세상에는 한쪽 의견만 있는 게 아니라는 걸 알게 된 후, 경세는 스스로 옳고 그른 것을 판단하기 위해 늘 정치에 관심을 가졌다. 뉴스를 꾸준히 챙겨보았고 정치인의 행보를 자세히 지켜보았다. 정책 하나도 허투루 보지 않고 어느 국회의원이 냈는지, 어떤 변화가 가능한지, 개인적 이득을 취하기 위한 속셈은 없는지 등을 두루두루 살폈다. 정치를 자세히 살피는 습관은 고스란히 덕질에서 비롯된 것이다.

경세는 어려서부터 만화를 좋아했다. 지금은 2.5D라 하여 만화, 애니메이션, 게임 등 2D였던 것을 뮤지컬이나 연극 등으로 구현한 것을 좋아하는데, 작품 하나를 봐도 배경, 제작 일화, 배우들의 인터뷰 등을 일일이 찾아보고 낱낱이 그 의미를 파악하며 즐긴다.

12월 3일에도 그는 디스코드에서 친구들을 만나 뮤지컬 〈도검난무〉 공연에 대해 이런저런 이야기를 나누고 있었다. 그때 누군가가 "계엄이 발령되

었대."라고 했다. 경세는 "무슨 계엄이야, 2024년에"라고 말하면서도 설마 하는 마음에 뉴스를 찾아봤다. 진짜였다. 교과서에서나 본 계엄이 실제로 일어났다니 믿어지지 않았다. 어쩌면 유신정권 때 일어난 일들이 다시 자행될 수도 있다는 생각에 점점 무서워졌다.

"미친 거 아냐?" "어떻게 해야 돼?" 그는 친구들과 어쩔 줄 몰라 하다, 그 시간쯤이면 알바가 끝나는 친구에게 전화부터 했다. "얼른 집에 들어가. 나라가 망했어. 돌아다니면 너 잡혀간다."

한편으로는 국민을 뭐로 보는 건가, 하는 괘씸한 마음이 들었다. 자신이 알고 있는 계엄은 이토록 무거운데, 저 사람은 내뱉으면 끝이구나. 일반 국민들이 느낄 무게감을 전혀 체감하지 못하는 사람이구나. 그렇다면 저 사람이 대통령이라는 자리에 앉아있는 게 맞을까 하는 생각으로까지 이어졌다.

계엄이 있었던 주말에 경세는 민주당에서 대절한 버스를 타고 서울로 올라갔다. 생애 첫 집회였다. 그날 여의도에는 사람이 너무 많아서 버스가 도착지점까지 가지 못하고 중간에 내려 걸어가야 했다. 한마음 한뜻으로 거리를 가득 메운 수많은 사람들을 보며 그는 뜨거운 동지애를 느꼈다. 버스 안에서 사람들과 인사를 나누었을 때도 비슷한 감정을 느꼈다. 다양한 연령대의 사람들 속에는 월남전 참전용사도 있었다. 그를 보며 행동한다는 것, 정치적 표현을 한다는 것의 의미를 되새기기도 했다. 그때 경세는 앞으로 집회에 열심히 나가야겠다고 다짐했다.

거리행진을 할 때면 버스정류장에 있던 시민들이 박수를 쳐주는 등 동조해 주는 분들이 많다. 대구에서 기수로 활동하는 친구 말에 의하면 그곳은 거리의 시선이 곱지 않다고 한다. 경적을 크게 울리거나 소리 지르는 사람들이 꽤 있단다. 거기에 비하면 대전은 안전한 편이다. 감지덕지하다가도 '정치에 대한 표현을 좀 더 자유롭게 하는 분위기가 되면 좋을 텐데'하는 아쉬움이 들곤 했다.  그는 자신부터 솔선수범해서 정치에 대한 입장을 드러내기로 마음먹었다.

그는 집회 다녀온 사진을 일부러 SNS에 인증하기 시작했다. SNS가 가진 '소비 전시'라는 단점을 '정치활동 전시'로 전환시키는 마중물 역할을 기꺼이 하려 한다.

"나도 해도 될까 망설이는 이들에게 해도 된다는 메시지를 주고 싶어요. 정치가 일상에 스며들게 하는 노력이자 하나의 활동이죠."

집회를 하면서도 뜨개질 인형을 만들어 피켓을 꾸미는 등 소소한 즐거움을 누린다.

오랜 덕친들과는 인간관계 고민이나 상담뿐 아니라 정치나 사회문제 등에 대해서도 자유롭게 이야기 나누는 편이다. 그래서 그는 딱히 정치 목적의 다른 모임은 필요로 하지 않는다. 사실 계엄 이전에는 정치 이야기가 머리 아픈 주제라고 느끼는 사람들도 있었는데, 지금은 달라졌다. 외교나 관세에 따라 직간접적으로 덕질에 커다란 타격을 주니 민감할 수밖에 없다.

"4만 원이면 샀던 굿즈가 환율이 오르면 5만 원이 될지 6만 원이 될지 알 수가 없잖아요. 그런 현실이 덕후들을 정치적으로 만들어요."

작년 대만에서 한 남성이 지하철에서 칼부림을 하는 범인을 제압한 일이 있다. 그는 자신이 좋아하는 일본의 애니메이션 속 용사를 언급하며 "용사 힘멜이라면 그렇게 했을 테니까."라고 말해서 엄청난 반향을 얻었다. 이미 그때부터 덕후들은 마음속에서 광장을 꿈꾸고 깃발을 흔들었는지도 모르겠다.

대부분의 창작물은 주인공이 악으로부터 탄압을 받지만 끝내 고난을 헤치고 정의를 쟁취한다. 창작물 속 인물들은 다양한 입장과 소수자성을 가지고 있고, 덕후들은 이들의 삶을 간접 경험하며 공감한다.

"창작물, 특히 소년만화를 사랑하는 사람들이라면 대부분 반골 기질이 있어요. 이 시대 덕후의 기본 기저가 그래요."

이번 계엄에 왜 덕후들이 더 민감하게 반응했는지 절로 이해가 되는 지점이다. 창작물뿐만 아니라 모든 문화예술은 뜨거운 심장으로부터 나오는 거니까.

한편으로 경세는 다양한 입장을 가진 캐릭터가 현실에서도 익숙하다. 다문화 2세나 성소수자들 이야기는 멀리 있지 않다. 주변에 있는 친구들 이야기다. 광장에 여성이 많다는 것에 놀라고 성소수자가 가시화되었다고 놀란 건 기성세대(나를 포함하여)와 정치인들뿐이다. 이미 일상 곳곳에 많은 다문화 또는 성소수자들이 엄연히 존재한다. 그들을 애써 못 본 체하는 마음이 어디에서 비롯된 것인지 한번쯤 들여다보았으면 좋겠다.

윤석열이 탄핵되고 국민의힘이 해체된 후에도 수많은 개혁이 필요하겠지만, 최우선 과제로 그는 노인복지를 꼽았다. 덕질하러 일본에 갔을 때 공항이나 놀이공원에 중장년 스텝들이 눈에 많이 띄었다. 전세계적으로 가장 심각한 초고령화 사회라고 우려하는 일본인데, 우리나라에 비해 훨씬 많은 노인공공일자리를 마련해 놓은 걸 보고 깜짝 놀랐다.

"특히 우리나라는 노인 빈곤율이 매우 높아서 심각한 불안을 야기하잖아요. 공공일자리만 많아져도 지금보다는 덜 소외되고 사회도 안정되지 않을까요?"

청년들은 노인복지에 부정적일 거라 생각했던 나는 왜 하필 노인복지에 관심을 가지게 되었냐고 물었다. 그는 당연하다는 듯이 말했다.

"지금의 노인들, 중장년들을 위해서만이 아니라 우리는 누구나 노인이 되기 때문이죠. 노년에도 안심하고 살 수 있는 사회가 되면 좋겠어요. 청년 때부터 노후를 불안해하며 살지 않아도 되게."

실버케어나 노인복지가 먼저 자리를 잡으면 교통약자나 건강약자 등 사회적 약자를 위한 시설도 많아질 것이고 그 외 다른 분야로 번져가는 시너지 효과도 있다. 예를 들어 인터넷에 취약한 노인들에게 가짜뉴스를 구별할 수 있는 교육을 하면 국민 전반의 시민의식이 높아지지 않겠는가.

세대 간 단절의 문제도 더 이상 개인의 노력에만 의존할 게 아니라 노인들이 사회로 많이 나올 수 있는 구조적 변화가 필요하다. 자주 만나고 부딪혀야 서로를 이해할 기회가 생기고 노인들도 변화된 사회를 받아들이기 쉬워진다. 청년과 노인이 함께 일하거나 목소리를 내는 기회가 많아졌으면 좋겠다. 그런 점에서도 이번 광장은 의미가 깊다. 농민, 노동자, 여성, 퀴어, 청소년들이 각자의 광장에서 외치던 방식을 넘어서서 다 같이 모여 서로의 이야기를 나누는 연대의 길을 찾아냈기 때문이다. 우리는 앞으로도 꾸준히 모이고 일상적으로 만날 것이다. 일상의 꾸준함을 어찌 당할 것이냐.

# 10 '나'로 당당히 광장에서 만나요

목성/ 게임/ 마작/ TRPG/ 일본어/ 문어/ 아이브/ 케이윌 덕후, **시우**

탄핵과 더불어 사회대개혁을 이루어내자는 구호가 드높다. 정치개혁, 언론개혁, 교육개혁, 성평등과 인권, 노동, 평화, 기후와 환경, 농업, 역사 등 다양한 분야의 개혁과제를 말한다. 그런데 시우(29세, 논바이너리, 퇴사예정자, 대전 서구)는 '나'부터 바뀌는 게 중요하다고 한다. 우선 수많은 '당사자'들을 만나기 위해 광장에 나가는 것이 '나'가 할 수 있는 첫 번째 개혁이다. '당사자'들의 말에 귀 기울이고 수용하는 자세를 가져야 한다. 그는 광장에 나가 '당사자'로서 옳지 않다고 생각되는 부분을 말했고, 바로 수용되는 경험을 했다. '우리'가 개혁되는 순간이었다. 그가 생각하는 사회대개혁은 그렇게 이루어진다.

탄핵정국을 통해 시우는 개인적으로 많은 개혁을 이루어냈다. 그가 한 개혁들을 하나하나 따라가 보자.

먼저, 그는 박근혜 탄핵 때 무서워서 못 나간 집회에 나갔다. 그때는 물대포와 최루탄을 쏴서 죽일 거라는 식의 루머가 돌았다. 서울이 그렇다면 지역은 더할 수도 있다는 생각에 그는 무서워서 아무것도 못했다. 시우는 가끔 그때를 돌이켜본다. 만일 그때로 돌아간다면 용기를 낼 수 있을까? 그는 아직도 답을 내리지 못하고 있었다. 그런 자신이 말할 수 없이 한심하고 무력하게 느껴졌다.

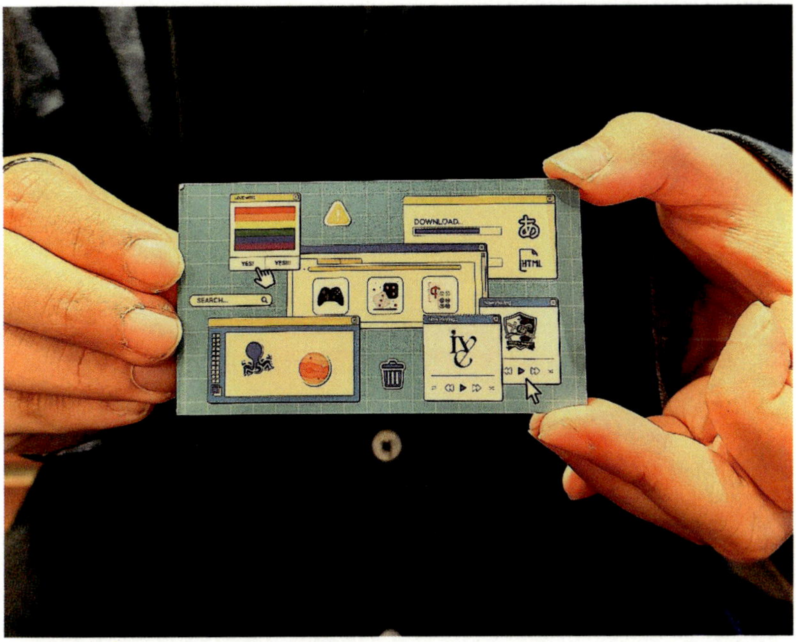


시우가 만든 개인 명함. 그가 좋아하는 것들을 담았다

세월호 때도 그랬다. 전원 구조되었다는 뉴스를 듣고 수업을 시작했다. 수업이 다 끝난 저녁에야 또래 친구들이 잘못되었다는 사실을 알게 되었다. 몇 시간 동안이나 아무것도 몰랐다는 게 너무 미안하고 원통했다. 할 수 있는 게 없다는 무력감이 또 한 번 쌓였다.

강남역 살인사건이 일어났을 때는 추모의 포스트잇이라도 쓰고 싶었다. 태어나서 지금까지 서울에 네 번밖에 못 가본 그가 혼자 서울에 간다는 건 대단한 결심이 필요했다. 또 망설이기만 하다 시간이 흘러가버렸다.

이태원 참사가 일어났을 때는 왜 거길 갔느냐, 놀다가 죽은 거 아니냐는 말에 동조했다. 나중에야 자신이 잘못된 프레임에 넘어갔다는 사실을 알

매일 집에만 처박혀 있더니 저녁마다 갈 데가 있고 상기된 얼굴로 돌아온다며 가족들은 그가 집회 가는 걸 은근히 반긴다.

고 섣부른 판단을 한 자신이 너무 바보같고 싫었다. 더 무력해졌다. 그런 일들이 계속 쌓여갔다.

그런데 계엄이 터졌다. 그는 계엄 이전에도 계엄과 같은 상황이 올 거라는 걸 알았다. 계엄을 생각한 건 아니지만, 윤석열은 대통령이 되기 이전부터 없는 사람들은 불량식품이라도 싸게 먹을 수 있게 해줘야 한다는 말을 서슴지 않고 하는 사람이었다. 그 말을 들었을 때 시우는 어쩌면 우릴 죽일 수도 있겠다는 생각이 들었다. 그는 저소득층으로 국가의 지원을 받고 있었다. 그게 끊기면 한순간에 죽지는 않겠지만 근근이 살아가다가 서서히 죽어가겠지…

계엄이라는 비현실적인 상황 앞에서도 그는 아무런 할 수 있는 일이 없었다. 서울에 있었다면 여의도에 갔을까 막연히 생각해 볼 뿐이었다. 그때, 트친이 그에게 집회에 나가지 않겠냐고 물었다. 그는 아주 수동적인 인간이라 누가 가자고 하면 군말 없이 따라가는 성격이었다. 덥석 가겠다고 답했다. 그렇게 무서움을 떨쳐내고 처음으로 집회에 나갈 수 있었다.

대전역에서 하는 집회였다. 다같이 모여있다는 사실만으로도 계엄에 반대하는 자신의 의지를 전한 것 같아 가슴의 체증이 조금은 내려가는 것 같았다. 약간의 욕설은 있었지만 충돌은 없었다. 집회라는 게 그다지 위험하지 않구나, 안심했다.

끝날 무렵 한 정치인이 무대에 올라 "눈뜬장님이 칼을 휘두르고 있으니 뺏어야 한다."는 요지의 말을 했다. 불쾌했다. 장애인 비하 발언을 하는 그를 아무도 제지하지 않는 게 더 화가 났다. 예전 같으면 참고 말았을 테지만, 시우는 왠지 그러고 싶지 않았다. 항의하는 문자를 보냈고 사과를 받았다. 찝찝한 마음으로 계속 가고 싶지는 않아 다른 집회를 알아봤다. 그렇게 은하수네거리로 자리를 옮겼다.

여기서도 '개돼지'에 비유하는 말들이 나왔다. 죄 없는 동물에 비유하는 것도 문제고 뚱뚱하다고 비하하는 것도 문제인데, 사람들은 웃어넘겼다. 이번에도 시우는 그냥 넘어가지지 않았다. 계속 집회에 참여해서 탄핵에 힘을 보태고 싶은데 넘어가지지 않으니 어쩔 수 없었다. 또 항의할 수밖에. 다행히 주최 측은 시우의 문제의식에 충분히 공감했고 이후에도 비슷한 일이 있을 때마다 주의를 주고 사과도 했다. 발언자가 사과하는 일은 없었지만, 점차 그런 발언에 대한 경각심이 필요하다는 분위기가 형성되었다. 아직 광장은 과정 중에 있구나. 시우는 그 과정에 참여하기로 했다. 두 번째 개혁이었다.

계엄 날, 그는 첫 출근을 하루 앞두고 있었다. 그러니까 12월 4일은 그가 원하던 웹디자인으로 취업에 성공해 회사에 가는 첫날이었다. 설레는 마음으로 잠자리에 들려고 하는데, 엄마가 심각한 표정으로 뉴스를 보라고 했다. 계엄이라는 말이 흘러나왔다. 얼른 트위터에 들어갔더니 난리가 아니었다. 그의 트친들은 정치에 관심이 많았다. 정치인은 잘 몰라도 정치사안은 그들의 촉을 자주 건드렸다. 계엄도 그런 사안이었다. 연말공연이 취소될 거고, 연예인들을 들러리로 이용할 거고, 현실과 무관한 화려한 영상은 대중들의 가십거리가 될 거다. 실제로 연말시상식이 취소가 되면서 대중의 화를 돋우고 또 어떤 방송사는 그대로 진행해 욕을 먹었다. 거기에 제주항공 참사까지 겹쳤으니 사람들의 분노는 극에 달했다.

다행히 다음날 아침 계엄은 해제되어 있었고 그는 무사히 출근했다. 직장인의 하루는 계엄과 무관하구나 생각했는데, 예상과 달리 회사는 직격탄을 맞았다. 파티와 관련된 업종인지라 연말행사 계약이 줄줄이 취소된 것이다. 그렇게 취소된 행사는 다시 잡히지 않았고 결국 회사는 망했다. 그도 곧 퇴사를 앞두고 있다.

회사 사람들은 종일 계엄 이야기를 했다. 새로운 뉴스가 나올 때마다 그것이 의미하는 바를 서로 묻고 확인했다. 한번은 탱크 사진이 올라온 걸 보고 깜짝 놀라기에 그건 이전 국군의 날 행사 사진이라고 알려주었다. "너는 정치에 밝은 애구나." 사람들은 놀라워하며 자꾸만 그에게 의견을 물었다. 그는 원래 회사에서는 절대 정치 이야기를 하지 않으려 했다. 행여 해고라도 당할까 봐 무서웠다. 토요일마다 집회에 나가는 것도 철저히 숨기고 있었다.

그런데 회사 사람들이 업무차 집회 장소 근처로 나올 일이 생겼다. 그에

게 집회에 갈 거면 잠깐 와서 도와달라고 했다. 거짓말도 못 하고 거절도 못 하고 우물쭈물하다가 집회에 다닌다는 사실을 들켜버렸다. 걱정했던 것들이 별 문제가 안 된다는 걸 알고 나자 그는 점점 당당해졌다. 이제는 깃대를 들고 출퇴근하고 있다. 그의 세 번째 개혁이다.

회사 사람들이 집회에 왔을 때 그는 '전국목성동호회연합' 깃발을 들고 있었다. 원래는 깃발을 만들 생각이 전혀 없었는데, 친구가 깃발을 만들면서 "너도 해라." 해서 이번에도 군말 없이 따라 했다. 뭐로 할까, 자신이 좋아하는 것들을 꺼내놓고 망설였다. 목성, 게임, 마작, TRPG, 일본어, 문어, 아이브, 케이윌 등등. 친구가 "그냥 목성으로 하자." 해서 또 그러기로 했다.

그는 미국 나사(NASA)에서 올린 목성 사진을 들여다보는 걸 좋아한다. '만약 목성이 달만큼 지구에 가까이 온다면'이라는 영상이 있는데, 하늘을 거의 다 덮는 그 모습이 몹시 무서우면서도 가슴이 뛰었다. 목성 깃발을 흔들면서 그는 좋아하는 것을 내보이는 행위가 얼마나 스스로를 자유롭게 하는지 깨달았다. 원래는 자신을 드러내는 것, 눈에 띄는 것을 좋아하지 않았다. 그런데 지금은 달라졌다. 주최 측에서 아이브 노래를 틀어줬을 때, "아이브 노래 틀어줘서 고마워요."라고 밝히기까지 했다. 그의 네 번째 개혁이다. 그 뒤로 집회에서는 항상 아이브 노래를 틀어준다.

처음에는 친구가 집회에 가자고 해서 갔지만, 지금은 그가 더 적극적이다. 가끔 친구가 귀찮아할 때면 "제발 같이 가줘." 하고 사정을 했다. 사람 많은 걸 싫어하고 소리가 크게 울리는 걸 무서워하는 그는 친구 없이는 불안해서 갈 수가 없었다. 친구가 중요한 일정이 있을 때면 정말 난감했다. 혼자 못한다는 것은 꽤나 자존감 떨어지는 일이었다. 언제까지 친구에게 매일 건가. 그는 쥐어짜듯 용기를 냈다. 한번 해보니 할 만했다. 한 번이 두 번이 되고 세 번이 되었다. 이제는 완전히 독립했다. 다섯 번째 개혁이다.

집회에 가면 알고리즘을 벗어난 수많은 노동현장의 이야기를 들을 수 있었다. 그는 앞으로도 '당사자'의 이야기를 들을 수 있는 광장에 나가겠노라 다짐했다.

그는 1월에 민주노총 일반노조에 가입했다. 전국단위라고 했는데 주로 서울 위주였다. 그는 내 지역, 대전에서 활동하고 싶었다. 연대를 하더라도 '겸사겸사' 하고 싶다. 마침 구미옵티컬 노동자들이 대전을 지나갈 때 희망뚜벅이에 참여했던 것처럼.

민주노총 대전본부 담당자가 그의 말을 듣고 일반노조 대전지부를 만들어주었다. 네 명밖에 안 되는 작은 조직이지만 내 조직이 생겼다는 기쁨이 크다. 이들에게는 정치 이야기를 하는 것도 편하고 자신의 성정체성을 밝히는 것도 어렵지 않았다.

그는 얼마 전에 또 하나의 깃발을 만들었다. '성소수자를 차별하지

마세요! 우리의 친구일 수도 있는 게 아니라 나다! 나라고 이 자식들아!' 길고도 당찬 내용을 담았다. 민주노총에서 버스를 대절해 서울집회에 갈 때, 기회다! 생각하고 그 깃발을 만들었다. 서울은 아는 사람이 없으니 마음껏 흔들 수 있을 것 같았다.

자신이 좋아하는 것을 내보이는 것도 좋지만 '나'를 드러내는 해방감은 또 달랐다. 대전에서도 흔들고 싶은데 자신이 없었다. 어느 날, 에라 모르겠다 하는 심정으로 그 깃발을 들었다. 모자를 눌러쓰고 마스크로 얼굴을 가리고도 심장이 턱밑까지 튀어나올 것처럼 떨렸다. 그런데 아무도 뭐라 하지 않았고 아무 일도 일어나지 않았다! 여기서도 위험하지 않을 수 있겠다는 생각이 들자 그는 마지막 뒤풀이에서 마스크를 벗어 던져버렸다. 가슴이 벅차올랐다. 대전에서 '나'인 상태로 깃발을 흔들 수 있다니. 앞으로도 계속 이 깃발을 흔들 수 있었으면, 앞으로도 안전한 광장으로 남았으면, 광장을 벗어나서도 거리낌 없이 '나'로 살 수 있었으면. 그의 간절한 소망이 공중에서 힘차게 나부꼈다. 이 정도면 몇 번째 개혁인지 셀 것도 없이, 인간대개혁 아닌가.

"집회 끝나고 친구랑 매일 그 말을 해요. 재밌다! 재밌어도 되는지 모르겠는데 너무 재밌다."

그는 처음에 구호 외치는 걸 따라 하며 어어, 움직임이 너무 큰데? 하며 주저주저했단다. 그만큼 그는 행동반경이 좁았다. 지금은 잘한다. 신나서 한다.

자신이 개혁되는 일이고, 사회가 개혁되는 일인데, 재밌는 게 당연하지 않은가. 집회는, 개혁은 시작은 어렵지만 하다 보면 재밌고 신나는 일이라는 걸 알아가는 중이다. 시나브로 우리는 사회대개혁으로 나아가는 중이다.

# 11 하현우가 틔워준 목청으로 외친다, 사람으로 존중해 달라

## 국카스텐 덕후, **앙스트블뤼테**

코로나 시기에 가수 하현우는 '앙스트블뤼테'라는 단어 하나를 팬들에게 던졌다. 앙스트블뤼테는 '불안 속에 피는 꽃'이라는 뜻의 독일어로, 사상 초유의 팬데믹을 겪고 있던 팬들에게 큰 위로의 언어가 되었다. 이후 앙스트블뤼테는 콘서트 명으로, 다시 노래로 팬들을 찾아왔다.

당시 몸도 마음도 힘들었던 앙스트블뤼테(만 37세, 여, 직장인, 대전 서구)는 지금의 역경을 반드시 이겨내리라 다짐하며, 이를 자신의 별칭으로 삼았다. 그는 원래 2D덕후였는데 우연히 음악대장 팬아트를 보고 노래를 듣게 되었고, 마침 집 근처에서 콘서트를 한다기에 갔다가 거하게 '치였다.' 아직도 넋이 나간 상태로 터벅터벅 돌아오던 그날의 기억이 생생하다. 그 후 애니 주제가나 어쿠스틱 노래만 듣던 그는 록덕후가 되었다.

그간 다양한 덕질을 하면서 연금술을 공부한다거나 군부체계를 익히는 등 자신도 웬만큼 깊이 '판다'고 생각했는데 국카스텐 덕후들은 차원이 달랐다. 철학과 과학, 종교와 문학을 넘나들며 국카스텐 음악을 해석해냈다.

그는 좋아하는 작가를 팔로우하듯이 국카스텐 덕후들을 팔로우해서 원하는 글을 볼 수 있도록 타임라인 구성을 잘 만들어두었다. 그런데 이번 계엄을 지나며 타임라인이 완전 투쟁계로 변해버렸다.

그는 정치와 사회에 관심이 있는 편이었다. 고등학교 때 사회과목으로 〈정치와 사회〉를 선택했고, 대학 때도 전공과 상관없이 〈법과 사회〉, 〈경찰형법〉 등을 듣기도 했다. 근데 공부를 하면 할수록 국회의원들은 왜 몸싸움을 해대는지(당시만 해도 국회선진화법 이전이라 몸싸움이 잦았다) 음주운전이나 성범죄 처벌은 왜 그리 관대하고 불공정한지 이해할 수가 없었다.

부당하고 부정의한 일들에 화가 났지만 그로서는 바로잡을 길이 없었다. 게다가 그는 예민한 사람이었다. 2017년 포항지진(국내 두 번째 규모)이 났을 때 트위터가 소식을 가장 빨리 전했다는 말을 듣고 바로 트위터를 시작했을 정도다. 겁 많고 완벽한 J성향인 그는 점차 피곤한 일들은 묻어두는 쪽을 택하게 되었다.

12월 3일, 그는 백수 3일 차였다. 하릴없이 트위터를 들여다보고 있는데, 계엄에 대한 말들이 눈에 띄기 시작하더니 순식간에 타임라인을 점령해버렸다. 그는 불안과 두려움으로 빨려 들어가듯이 트위터를 보다가 뜬눈으로 밤을 지새웠다.

“잠을 잘 수가 없었어요. 자고 일어나면 세상이 뒤집혀 있을 것만 같았어요. 내가 눈 돌린

공식 응원봉이 없어서 직접 만든 응원봉. 그에게 광장은 “새로운 세계”다.

친구와 여행간 김에 서울 집회 참석. 한겨레21 '피켓변신 특별판'을 구입해서 피켓 대신 사용했다.

사이 노무현 대통령이 돌아가셨고, 세월호 아이들이 죽어갔어요. 이번에도 그럴까 봐…"

그는 집회에 나갈 준비를 했다. 대학 1학년 1학기 때 학회장에 이끌려 등록금 투쟁에 참여한 이후 처음이었다. 그때도 출석으로 인정해 준다는 말에 그냥 본관 앞에 서있기만 했었다. 백남기 농민의 죽음 이후로 완전히 쫄보가 된 그는 집회나 시위 등은 엄두도 내지 않고 살았다. 박근혜 탄핵 때도 집회는 서울에서나 하는 줄 알고 있을 만큼 거리를 두었다.

부모님의 성향도 영향이 컸다. 공무원인 부모님은 지극히 보수적이었다. 당연히 집회 같은 것은 허락하지 않았고, 순종적이고 책임감 있는 장녀 노릇을 요구했다. 아이러니하게도 그는 K장녀로서 크고 작은 투쟁을 하지 않을 수 없었다. 맞서 싸우지 않으면 가부장적이고 성차별적인 대우를 한치도 벗어나기 어려웠으니. 그런 성장기가 그를 오히려 소심하게 만들었다. 왜 나만 저항하고 살까, 내 탓은 아닐까. 자신을 돌아보느라 점점 작아졌다. 마침 부모로부터 독립하지 않았다면 이번에도 머뭇거리기만 했을지도 모른다.

그는 비장한 마음으로 박근혜 탄핵 때 모아둔 집회 정보와 이태원 때 알아둔 대피 요령 등을 꺼내들었다. 그동안 그는 집회에 필요한 준비물이나 시위 착장 등의 정보를 그러모으며 차곡차곡 준비(?)하고 있었다. 행여 누군가 자신을 알아보지 못하게 모자를 쓰고 마스크를 끼고 마치 위장하듯이 온몸을 꽁꽁 싸매고 집회장소로 갔다. 그런데 생각과 달리 위험한 일은 전혀 없었고 사람들도 많았다. 윤석열이 구속되던 날은 대전 사람들이 이렇게 적극적인 면이 있었나 싶을 만큼 많이 모였다.

"같이 있는 것 자체로 동질감을 느낄 수 있었고 가슴이 뻥 뚫리게 시원했어요."

동질감은 계속 나가게 하는 원동력이 되었다. 12월은 매일 집회 나간 기억뿐이다.

한강진 때 그는 밤새 라이브를 보다가 아침 6시에 패딩만 걸치고 바로 택시 타고 기차역으로 갔다. 남태령 때 교대해주지 못한 게 못내 마음에 걸렸었다. 특히 아침에는 출근하는 사람들이 많아지면서 집회 규모가 줄어드는 게 눈에 띄게 보였다. 그러다 남은 이들이 연행되면 오래 자책할 것 같았다. 집회 장소가 바로 길 건너인데 경찰이 육교를 막고 있어 이리저리 돌아가야 했다. 가는 길 중간에는 극우들이 포진해 있었다. 살짝 움츠러들던 찰라 동지들이 보였다. 여자 셋이 그 자리에서 동행이 되어 무사히 집회장소까지 갈 수 있었다.

첫 집회 때와 달리 아무런 준비도 없이 갔지만, 도착하자마자 모닝빵을 받고 음료를 받고 핫팩을 받았다. 배부르고 따뜻했다. 가끔 사탕과 초콜릿이 담긴 봉지가 돌기도 했다. 다정하고 안온한 집회였다.

충남대 윤자영 교수는 "윤석열 탄핵집회로 인해 서로가 서로를 돌보는 모습을 모두가 확인했"고 (이런 경험으로 향후) '돌봄 사회'를 만들 수 있는 사회적 자본이 구축됐다."[24]고 했는데, 바로 그 돌봄을 경험한 것이다.

행진을 시작하자마자 경찰은 불법집회라는 방송과 함께 세 명을 연행했다. 안온함은 순식간에 사라졌다. 그는 말로만 듣던 폭력사태를 실제로 보니 화가 나서 견딜 수가 없었다. 쫄보이긴 하지만 막상 닥치면 물어뜯는 성격인 탓이다. 그는 경찰들을 마구 째려보면서 목청껏 구호를 외쳤다. 소식을 들은 시민들이 계속해서 몰려왔고, 다행히 연행된 이들은 오후에 풀려났다. 광장에서 맛본 첫 승리의 경험이었다.

"이럴 때를 위해 하현우가 콘서트 할 때마다 팬들 목청을 틔워준 건가 봐요."

이제 와 말하지만, 같은 국카스텐 팬으로서 그와 인터뷰하는 내내 나는 흥분상태였다. 이 말을 듣는 순간 '뻐렁치는' 마음을 감추지 못하고 꺅꺅 소리를 내질렀다.

3월 초에 그는 손가락과 허리를 다쳤다. 놀랍게도 집에 손바닥만 한 거미가 나타난 것이다. 집회에 가지 못하게 된 그는 집에서 열심히 리트윗과 후원, 청원을 했다.

---

24 오마이뉴스 기사 인용

우리는 부스에서 만든 깃발을 흔들며 함께 행진했다. 동지이자 덕친이라니, 좋지 아니한가.

특히 노동계 소식을 챙겨보았다. 사서 9년 차였던 그는 여전히 계약직이며 최저시급이다. 최저시급에는 '파견비' 같은 수당까지 포함되어 있었다. 순회사서는 2월부터 11월까지, 공공기관은 11개월만 계약한다. 퇴직금을 주지 않기 위해서. 직장생활 N년 차에야 겨우 퇴직금을 받아봤다. 1년짜리 계약 두 번으로.

도서관 사서는 책 선정이나 정리법에 있어서 통일성이 있어야 하니 오래 있는 게 좋다. 또한 주민들과 라포를 형성하는 게 좋으니 자꾸 바뀌면 여러모로 손해다. 그런 점을 모르지 않으면서 국가가 주도해서 비정규직을 양산하는 걸 보면 희망이 꺾인다. 결국 얼마 전에는 업종을 바꿔 취직했다.

"매년 구직하는 삶이 얼마나 피곤한지 아세요? 인간적으로 비정규직은 없어져야 해요."

그래도 노동조합이 있어서 얼마나 다행인가. 사실은 이번에 노조에 대한 편견이 깨졌다. 그동안에는 노조를 접할 기회가 없었다. 쌍용차 사태 등을 어렴풋이 알고는 있었지만, 그때만 해도 자신과는 거리가 먼 이야기라고 생각했다. 이제는 아니다. "당면한 내 문제"다. 비정규직이라는 동병상련의 마음으로 세종호텔 농성장에 컵라면을 보내기도 했다.

"고공농성장에 한번 가보고 싶어요. 근데 못 갈 것 같아요. 세종호텔 고공농성장에 밥 먹으러 오라고 하고 향연 님(배 농사를 짓는 농민으로, 이번 남태령대첩의 실질적인 기획자)이 농활에도 오라고 하는데, 갈 수가 없어요. 여태 한 게 너무 없으니까요."

분노하고 불안했던 마음을 온전히 누그러뜨릴 수 있을 만큼 실천한 사람은 아무도 없을 것이다. 내란을 단죄하지 못한 국가를 대신해 우리는 부채감을 떠안고 산다. 흔들린 법치와 혼돈의 정치를 바로잡기 위해 더 많은 민주주의를 외쳐야 하는 이유다.

그는 덕후들이 광장에 나가지 않았다면 용기를 내지 못했을 거라 말한다. 또 국카스텐 덕후들이 열심히 투쟁하는 걸 보며 나도 했다고 인증하고 싶어서 계속 나간 거라며 수줍어했다. 그럴 수 있다. 우리는 때로 누군가의 뒤를 따라가면서 길을 찾는다. 그는 불안을 딛고 한 발 한 발 나아갔고 광장 속에 작은 꽃봉오리를 틔웠다. 이제 덕질만 해도 되는 일상으로 돌아가면 좋겠다.

그가 바라는 건 간단하다. 사람으로 존중해 달라는 것. 더 이상 살해당하지 않고, 성범죄 당하지 않고, 무사히 집으로 돌아오게 해 달라는 것. 그게 그렇게 어렵나.

그는 얼마 전 발표한 국카스텐 싱글 〈Ocelli〉에서 지금의 사회현상이 연상된다고 했다.

"심연 앞에 서서 뜬눈으로 바라보는 자여
그 속에서 그대를 흉내 내며 쳐다보는 걸 조심하라
진실을 지우며 남겨진 거짓을 찾는 자여
질문 속에 그대를 빠뜨리는 백 개의 눈을 조심하라
......(중략)
괴물을 보다가 괴물이 되었네
허무를 보다가 허무가 되었네"

곰곰이 들여다보니 그런 것 같기도 하다. 모든 음악은 세상에 내보내는 순간 원곡자의 의도와 상관없이 듣는 자의 것이니 얼마든지 다양하게 해석할 수 있겠지. 덕후의 사심을 담아 권한다. 한 번씩 들어보기를.

# 12 삶이 덧없을지라도, 광장에서 깃발로 답할 것이다

게임 '소녀전선' 덕후, **홍가**

홍가(20세, 트랜스에이젠더, 작가 지망생, 대전 서구)를 처음 본 건 한겨울이었다. 추운 날씨에도 그는 외투를 벗어 허리에 묶은 채 온몸을 흔들어 깃발을 휘날렸다. 그 자태와 스킬이 남달라 눈길을 끌었다. 그다음에 봤을 때는 아예 얇은 봄옷 차림으로 깃발을 흔들었다. 깃발 펄럭이는 소리가 시각적으로 눈앞에 펼쳐졌다. 기수가 얼마나 멋있을 수 있는지 증명이라도 해보이려는 듯했다. 행진을 할 때마다 나도 모르게 그의 뒤를 쫓았다. 핸드폰에는 그의 사진과 영상이 쌓이다 지워지기를 반복했다.

인터뷰를 시작하면서 그를 찾았는데 보이지 않았다. 왜 그토록 깃발에 진심이었는지 묻고 싶었는데 너무 아쉬웠다. 매번 광장에 갈 때마다 그가 왔는지부터 확인했다.

3월 말, 그가 광장에 나왔다! 그동안 어디 갔었는지부터 물었다. 다른 지역에 잠시 일하러 갔다가 사정이 생겨서 돌아왔다고 했다. 그에게는 정말 미안하지만 나는 그 사정이 고마웠다.

홍가는 고2 때부터 낮에는 글을 쓰고 밤에는 알바를 하며 혼자 살고 있다. 양극성장애가 심해서 치료에 집중하느라 학교를 중퇴했다고 한다. 그를 버티게 해주는 것은 〈소녀전선〉이라는 게임과, 게임 속 최애, 그리고 그의 글을 지지해 주고 사랑해주는 독자이자 덕친. 그들이 삶의 이유라고 해도

게임 <소녀전선>의 캐릭터 인형들

과언이 아니다. 너무 거창한 표현이 아닌가 생각할 수도 있지만, 간절하게 덕질해 본 사람은 그 마음 안다. 믿어주는 사람이 단 한 사람만 있어도 살 수 있듯이 사는 게 너무 각박할 때는 덕질할 것 하나만 있어도 살 이유가 된다. 더구나 "삶의 방향성을 제시 해주는 주제와 끝없이 고난을 겪는 사람에 대한 스토리인데" 어찌 사랑하지 않을 수 있겠는가. 그러니 덕질이 세상을 구한다는 말은 과언이 아니다. 갈수록 덕후가 많아지는 걸 보면 그만큼 살기가 힘들다는 뜻이기도 하고.

12월 3일 밤 열 시, 그는 출근해서 잠시 트위터를 하면서 농땡이를 치고 있었다. 그런데 '계엄'이라는 글자가 보였다. 다시 확인해 봐도 분명히 실제 상황이었다. 그 순간의 감정을 뭐라 해야 할지 그는 아직도 설명하기 어렵다. 온갖 감정을 한 겹 한 겹 떼어내 이야기로 만들어내는 그이지만, 아무리 생각해도 '단순치 않은' 감정이었다. 혼돈과 혼란 속에서 두려움과 분노, 불안이 뒤엉키더니 시간이 지날수록 용서할 수 없는 상태가 되었다. 항거하지 않고는 나로 살아갈 수 없다는 정의감이 불타올랐다.

그간 그는 기껏해야 시시한 약자[23]의 편을 들며 살았지, 정의감과는 거리가 먼 사람이었다. 대통령이 못마땅하기는 했지만 막연한 투덜거림에 가까웠고, 생활고에 시달리는 그에게 정치란 몹시 귀찮고 배부른 소리였다. 그런데 계엄이 발령되고, 밖에서 작은 소리만 들려도 탱크가 지나가는 건 아닐까 돌아보게 되는 상황이 되자 삶과 바로 직결된 문제로 다가왔다. 그는 새벽까지 계속 트위터를 확인하면서 바로 국회 앞으로 달려가지 못하는 신세를 한탄했다.

"나는 끓는점이 그렇게 낮은 사람이 아니에요. 참고 또 참는 편이에요."

그런데도 그는 들끓었다.

동이 틀 무렵 사장이 전화해서 별일 없는지 확인한 후, 계엄이라니 "완전 미친놈"이라며 한바탕 욕을 했다. 그런 감정 표출로는 조금도 해소되지 않는 그는 서둘러 퇴근한 후 바로 서울로 올라갔다. 여의도로 가야 할지 광화문으로 가야 할지 정확한 정보도 없이 무작정 기차를 탔고, 종일 국회의사당 앞을 지키던 시민 중 한 사람이 되었다.

그 뒤로 몇 번 더 서울에 갔지만, 비용도 시간도 부담스러웠다. 대전에 집회가 있다는 소식을 알게 되면서 그는 주로 대전 집회에 나왔다. 중학교 때까지 충청도의 한 시골 마을에서 자란 그에게 대전은 인프라도 잘 갖추어지고 물가도 비싸지 않은 살기 좋은 도시다.

23 드라마<송곳>에 나오는 대사 "우리는 선한 약자를 위해 악한 강자와 싸우는 것이 아니라 시시한 약자를 위해 시시한 강자와 싸우는 것입니다."를 비유한 말이다.

계속 집회에 나가기로 마음먹은 뒤 그는 깃발을 만들었다. '인형인권연대 촛불행동본부'. 〈소녀전선〉에 나오는, '인생의 큰 지분을 차지한 밈'을 한쪽에 담았다. 여기서 '인형'이란 사람의 감정을 담은 게임 속 로봇을 말한다. 그때는 깃발을 만들어놓으면 퀴어 퍼레이드에서도 써먹을 수 있겠다는 생각이었지, 깃대를 부러뜨려먹을 정도로 알뜰히 쓰게 될 줄은 몰랐다.

2차 남태령대첩에서 경찰이 바리케이드를 치고 인해전술로 시위대를 압박했을 때, 그는 경찰을 뚫고 가려다가 깃대가 부러졌다. 키가 두 뼘은 큰 경찰 세 명이 그를 막아섰는데, 어디서 그런 힘이 났는지 그는 기어코 그들을 뚫고 달렸다. 왜소한 편에 속하는 그가 그들을 뚫을 수 있었던 건 마주한 불의를 견딜 수 없었기 때문이었다. 대전에서는 아무도 시위를 막지도 방해하지도 않는데 서울에서는 시위를 방해하는 것도 막는 것도 경찰이라는 것이 믿을 수 없었다.

"만약에 뚫을 수 없었다고 해도 그렇게 했을 거예요. 저항한 기억, 꺾여버린 기억은 가질 수 있잖아요."

그는 2미터×3미터 대형 크기로 새로운 깃발을 만들었다. '전술인형노동조합총연맹.' 인형들에게 노동조합이 있다면 그들의 고난이 덜 고통스럽지 않을까 하는 마음으로 민주노총 로고를 패러디해서 넣었다. 그는 알바노동자이지만 평소 노조에 대해 "마주칠 일이 없는 사람들"이라 여겨왔다. 그런데 지금은 노동당 가입을 권유받고 고민 중이다. 알바노조에 가입할 생각도 있다.

"힘이 절실해지더라고요. 우리에게 힘이라곤 단결과 연대뿐이잖아요. 물론 경찰 셋 정도 이길 힘은 있지만."

홍가의 깃대. 이미 동지들의 명함스티커가 빼곡히 붙어있다. 스티커를 명함처럼 주고받으면서 '깃꾸(깃발 꾸미기)' 문화가 생겼다.

진지한 표정으로 말하던 그는 자신의 위트가 마음에 들었는지 입가에 미소를 머금었다.

계엄 날의 감정처럼 한마디로 설명할 수 없는 것이 또 있다. 그는 중학교 때 자신이 남들과 다르다는 것을 느꼈다. 역시 '단순치 않지만' 스스로 분명히 느낀다. 작년 여름 퀴어 퍼레이드에 처음 나갔고 이 사람들과 함께라면 야유도 응원처럼 이겨낼 수 있겠다고 생각했다. 양극성장애도 마찬가지로 쉽게 설명하기 어렵고 '간단치 않은' 삶의 걸림돌이다. '간단치 않은' 것들이 모여 그를 형성하고 있다.

"나는 사람을 다양한 정체성의 집합으로 보거든요. 자신이 선 곳에 따라 때로는 약자성을, 때로는 강자성을 띨 수 있는데, 사람들은 자신이

4월 4일, 파면선고 되던 날, 신나게 깃발을 흔들던 홍가

약자나 강자로만 존재한다고 착각해요."

단순한 것도 있다. 바로 동지. 설명을 덧붙일 필요가 없다. 인터뷰에 동의한 것도 단순했다. 동지니까.

파면선고가 되면(파면되기 이틀 전 인터뷰를 했다) 그는 우선 광장에서 함께 한 동지들과 축하 파티를 하고 싶다(신나는 파티를 했다고 전해 들었다). 시간과 경제적 여건이 허락한다면 바다를 보러 가고도 싶다. 우리나라에서 유일하게 바다에 접하지 않은 지역 출신이라 그런지 그에게 바다는 환상의 영역이다. 판타지소설을 쓰는 그에게는 바다를 보며 상상력을 자극받을 시간도 필요하다.

무엇보다 집회 가는 시간을 아껴 글을 쓰고 싶다. 몸으로 체득한 영감을 하나도 놓치지 않고 꾹꾹 눌러쓰고 싶다. 출판사 투고도 해볼 예정이다.

덕질은요? 했더니 덕질은 숨 쉬듯이 하는 거라고 한다(역시!).

**"어릴 때 놀이공원에 간 적이 있어요. 그때도 가난해서 학교에서 보내줬는데, 문 너머 풍경이 마치 더러운 방을 밝은색 페인트로 덧칠해서 꾸며놓은 것 같았어요. 그 뒤에 가려진 고통이 얼마나 클지 짐작도 할 수 없었죠."**

일찍부터 그는 타인의 고통으로 유지되는 세상의 이면을 꿰뚫어 볼 줄 알았나 보다. 그래서 더욱 보잘것없는 이유로 고난을 겪기도 하고 또 그 고난이 세상을 구하기도 하는, 현실을 진하게 담은 글을 쓰고 싶다.

**"삶이 결국 덧없는 운명이라면 무엇을 위해 살아갈 것인가? 나는 내 평생으로 그 질문에 답할 것이다."**

그가 마음속 깊이 품고 있는 게임 속 문답이다.

**"보통 분노를 불에 비유하지만 나는 물에 비유하고 싶어요. 분노는 아래로, 즉 약자에게로 향한다는 점에서 물을 닮았고, 슬픔과 부끄러움은 위로 향한다는 점에서 불을 닮았다고 생각해요. 그러니까 광장은 나에게 '그동안 가만히 있었던 내가 부끄럽다'는 걸 알게 해 준 불씨예요."**

불씨가 댕겨진 그는 지금 광장에서 깃발로 답하는 중이다. 큰 깃발에는 큰 책임이 따른다. 그는 "젊음으로 그 책임을 다하겠다."는 각오가 섰다. 슬픔과 부끄러움을 아는 자가 활활 타오르면 어찌 되는지, 저들은 각오해야 할 것이다."

## 13 널브러졌다가 또다시 광장에 나오는 이들에게

애니 '프리큐어' 덕후, **돌푸딩**

2025년 4월 4일 11시 22분, 마침내 온 국민이 바라마지않던 하나의 문장이 선포되었다.

"대통령 윤석열을 파면한다."

집회현장에서 동지들과 지극히 당연한 상식을 기뻐하며 얼싸안고 함성을 질렀다. 잠시 후 돌푸딩(만 29세, 여, 백수, 대전 유성구)을 만났을 때도 아직 흥분이 채 가라앉지 않아 우리는 일단 손바닥을 마주치며 짧게 환호한 후, 인터뷰를 시작했다.

세 명의 친구들과 함께 광장을 찾은 그에게 인터뷰를 제안했을 때, 그는 조심스럽게 고개를 저었다. 초반에는 집회에 열심히 나왔지만 3월에는 거의 나오지 않았기 때문에 자격이 없다고 생각했단다. 그런데 광장에는 다양한 사람들이 있으니 지친 사람의 이야기도 들려주는 게 좋지 않겠냐는 친구의 말을 듣고 마음을 바꿨다고 한다.

나는 고마움에 덥석 손을 잡을 뻔했다. 맞다. 광장에는 분명 지친 사람도 있을 것이다. 실은 나도 잠시 인터뷰를 쉬었다. 사람이 너무 힘들면 구역질이 날 수도 있다는 걸 알았다. 내란성 우울, 내란성 불면이라는 말은 과장이 아니다. 123일의 긴 시간 동안 우리는 엄존하는 고통과 불안에 시달리고 있었다.

돌푸딩은 외국에서 살다가 5년 전 혼자 한국으로 돌아왔다. 가족들은 아

프리큐어 응원봉과 덕질용품

직 외국에 머물고 있다. 그는 올봄에 대학을 졸업했지만, 어려서부터 ADHD와 우울증을 앓고 있어 취업을 미루고 휴식기를 보내는 중이다.

비올라를 전공한 그는 학과의 특성상 대학생활 내내 자유롭지 못했다. 특히 연주회나 시험 때는 항상 긴장하는 편이라 스트레스를 많이 받았다. 그런데 작년 12월에는 이미 졸업연주회를 마치고 시험도 끝냈기 때문에 대학생활 마지막을 친구들과 여유롭게 즐기면서 보낼 생각이었다.

그날도 돌푸딩은 친구들을 만나 저녁을 먹으며 가벼운 수다를 떨었고, 후식으로 빙수까지 먹고는 즐거운 기분으로 집에 돌아왔다. 느긋하게 핸드폰을 보는데 계엄이라는 단어가 떴다. 거짓뉴스인가, 했는데 곧이어 담화문과 영상이 이어졌다. 그는 순식간에 몸이 긴장되고 마음이 불안해졌다. 친구들 톡방에는 이게 무슨 일이냐, 진짜냐, 이제 우리 어떻게 하냐 등의 우려와 걱정이 쏟아졌다. 그는 부모님과 통화를 한 후에도 실감이 나지 않아 한동안 잠을 이루지 못했다.

그 주말, 그는 트위터에서 만난 친구들과 처음으로 집회에 참석했다.

2018년도부터 알게 된 친구들인데, 덕질하는 장르도 같고 우연히도 대전에 살고(심지어 그가 외국에서 대전으로 왔다) 종종 만나서 게임도 하는 사이다. 정치적인 의견까지 일치해서 그는 현실적으로 존재하기 어려운 "유니콘 같은 친구들"이라고 했다.

그 중, 중학생 시절 박근혜 탄핵에 참여한 적이 있는 친구가 깃발을 맞췄다고 했다. 그는 얼른 동참했다. 덕질하는 대상의 이름을 살짝 바꾸어, '전국프리티전사협회.'

돌푸딩은 〈프리큐어〉라는 일본 애니메이션을 좋아한다. 〈세일러문〉이나 〈요술공주 밍키〉 등의 계보에서 이어져 온 프로그램이다. 어릴 때부터 보며 자랐는데, 본격적으로 덕질한 건 2010년부터다. 어려서는 예쁜 옷이나 액션 등의 외형적인 모습에 이끌렸다면, 지금은 '소중한 것을 지키기 위해 파면선고 날, 은하수네거리에는 사필귀정이라는 현수막이 걸렸다.

싸우는 마음과 힘은 누구에게나 깃들 수 있다'는 스토리에 매력을 느낀다. 다문화 청소년 등 다양한 정체성의 캐릭터를 보며 우리가 원하는 차별 없는 세상이 바로 저거야, 라고 생각하기도 했다.

"일반인들에 비해 덕후들은 감정이입을 더 잘하고 현실과 작품에 대한 메타인지가 높다고 해요. 단순히 히어로를 동경하는 게 아니라 자신에게 닥친 문제를 하나씩 해결해 나가는 걸 보면서 우리 사회도 저렇게 조금씩 바뀌나갈 수 있지 않을까 상상하기도 하고요. 좋아하는 것에 대한 마음이 내가 살고 있는 현실을 위해서도 당연히 쓰이지 않을까요?"

덕후들이 공감능력이 높을 거라고는 예상했지만, 우리 사회에 대한 상상력으로도 이어지리라고는 생각하지 못했다. 도대체 좋아하는 마음이

돌푸딩이 받은 동지들의 명함

란 어디까지 확장될 수 있는 걸까. 때로는 가장 추상적인 것이 가장 구체적인 힘이 될 수도 있다.

학교 동아리 친구들과 집회에 가기도 했다. 만화·일러스트를 하는 동아리인데, 30년 전에는 민중미술로 시작했다는 전설이 있다. 하지만 지금은 집회에 같이 가자는 말조차 불편해할 정도로 정치적 문제에 선을 긋는다. 전설을 부활시키지는 못할지언정 계엄에 대한 비판도 못 하다니, 안타까울 뿐이다. 이번 계엄은 정치적인 게 아니라 범죄인데. 그는 이번 기회에 학교 문화가 조금은 바뀌었으면 하고 기대해 보지만 졸업자로서 희망사항일 뿐이다.

"돌이켜보면, 박근혜 탄핵 때부터 아무것도 하지 않았다는 부채감이 항상 있었던 것 같아요."

외국에 나가있었고 어렸을 때라 어쩔 수 없는 부분이 있었다. 그래도 방관

했다는 사실은 변함없기에 그는 마음이 무거웠다. 그때 못한 만큼 더 열심히 하겠다는 각오로 누구보다 앞장서 집회에 참석했다.

그런데 2월 말부터 그만하고 싶은 마음이 커졌다. 언제까지 계속해야 하나, 다른 데 시간을 쓰고 싶다, 토요일 약속을 거절하는 것도 한두 번이지, 이런 생각이 쌓여갔다. 지쳐가는 그에게 친구들은 잠시 쉬었다 나오라고 권유했다. 스스로 생각해도 더는 무리였다.

핑계 같지만, 음악 하는 사람으로서 스피커로 울리는 소리가 청각에 부담을 주었다. 초반에는 앞에 앉아서 열정적으로 참여하다가 조금씩 뒤로 물러났고, 연주회가 있을 때는 팔에 무리가 될까 봐 깃발 흔드는 것도 조심했다.

결정적으로 윤석열이 구치소를 걸어 나오는 장면을 보며 더는 아무것도 하기 싫어졌다. 너무 허탈하고 무기력해졌다. 그렇다고 하지 않으면 무엇으로 우리의 뜻을 전한단 말인가. 두 개의 마음이 요동치며 아래로 아래로 가라앉았다.

사실은 사람이 많고 언제 돌발 상황이 생길지 알 수 없는 집회장소에 간다는 것 자체가 그에게는 정신적으로 부담이 되었다. 항상 얼굴을 마스크로 가리고 불안을 달래주는 약과 반창고 등 응급용품까지 챙기고 다녔다. 다행히 광장은 생각보다 안전했고 다정하기까지 했다.

혼자 남태령 집회에 갔을 때였다. 둘째 날 오후에 도착했는데 사람이 많아서 앞에서 하는 말들이 거의 안 들렸고, 깃발을 들고 있어서 손이 자유롭지 못했다. 그런데 옆에 있는 사람들이 김밥, 물, 핫팩, 간식 등을 다 챙겨주었다. 아는 사람 하나 없이도 전혀 불편하지 않았다. 사당동까지 다 같이 걸을 때는 전농(전국농민회총연맹)의 농민분들이 길 중간에 드문드문 서서 걸어가는 동지들에게 일일이 감사와 응원의 말을 건네며 토닥여주었다. 돌푸딩은 그 순간을 잊지 못한다. 그날의 기억이 아니었더라면 더 빨리 방전되었을 것이다.

"광장은 팔레트 같아요. 칸칸마다 물감을 짜놓기만 하면 섞일 일이 없잖아요. 근데 광장에 모이면 각각의 색들이 섞여 다양한 색을 만들어내고 사회의 그림을 바꾸어내잖아요."

파면소식이 마음을 치유하는 데 도움이 되지 않겠냐고 했더니 선고판결 한마디로 회복이 되면 얼마나 좋겠냐며 웃는다. 하긴 123일이나 걸렸는데 어떻게 한 번에 회복이 되겠는가. 일시적으로 기분은 좋아지겠지만.

그는 파면선고는 끝이 아니라 시작을 알리는 신호탄이라고 했다. 계엄 관련한 과제만 해도 산더미다. 국민의힘을 해체해야 하고 내란에 연루된 사람들도 처벌해야 한다. 검찰개혁을 해야 하고, 군대와 경찰도 바로잡아야 하고, 잘못 쓰이고 있는 예산도 확인해서 환수해야 한다. 무슨 구호부터 외쳐야 할지 고민이 될 정도다. 또 민영화 문제도 심각하다. 무엇보다 안전사고를 예방해야 한다.

"막을 수 있는 사고로 안타까운 죽음이 더 이상 반복되지 않았으면 좋겠어요. 이윤을 우선시하는 게 가장 큰 문제예요. 안전에 대해서는 자꾸만 목소리를 내야 해요. 잊지 않도록"

약을 먹어야 할 정도로 힘들다는 게 어떤 건지 나는 잘 모른다. 확실한 건 그토록 힘든데도 마음을 내고, 널브러졌다가 또다시 광장으로 나오는 이들이 오늘의 대한민국을 구원했다는 사실이다. 이제 좋아하는 마음이 그들 스스로를 구원할 때다.

“저처럼 마음이 먼저 지친 분들이 부채감으로 자신을 너무 책망하지 않았으면 좋겠어요. 앞으로도 기회가 얼마든지 있으니까요.”

당연하다. 얼마 전 광장에서 수염을 허옇게 기르신 어르신을 만난 적이 있다. 그는 묻지도 않았는데, “내가 박정희 때 싸우지 못해서 지금이라도 나왔어.”라고 말했다. 그는 쉬지 않고 구호를 외쳤다. 매번 살짝 엇박자였지만 목소리만큼은 단단했다.

인생 길다. 부채감 따위 가질 필요 없다. 투쟁할 기회는 앞으로 얼마든지 있다.

# Chapter 3. 민주주의 고인물

## 14 민주주의 사회에서 자랐으니 광장에 나가는 건 당연해요

과학소설 덕후, **정한새**

계엄이 일어났을 때 박해울 작가의 강연에 못 가면 어쩌지 라는 생각은 했지만 덕후는 아니라고 하고, 광장에는 나오지만 광장에 대단한 기대는 하지 않는다는 사람을 만났다. 어쩌면 '덕후와 광장'이라는 키워드에는 맞지 않을 거라고 그는 말했지만 적어도 내 눈에는 일 년에 130권 이상의 책을 읽는 책 덕후이고, 광장의 자식(운동권이 가풍이라고 했다)으로 보인다.

정한새(30대, 양성애자, 현재 백수, 대전 서구)는 퀴어 페미니스트로서 여성 작가 책읽기 팟캐스트 운영자이며 서평을 쓴다. 그는 아주 어릴 때부터 부모님 손에 이끌려 온갖 집회에 참여했다고 한다. 노무현 탄핵반대, 효순 미순이 사건, 광우병 사태, FTA 반대 등등. 성년이 된 이후에도 박근혜 탄핵 등 수많은 집회에 자발적으로 참여했다. 지금은 밤샘농성이니 단식이니 백팔 배니 오체투지니 하는 온갖 투쟁에 많이 지쳐 있었다. 돈을 벌기 시작하면 후원만 하지 거리에 나와 시위하는 짓은 절대 하지 않겠다고 다짐 또 다짐했다. 하지만 이번에도 그는 매일 밤 광장에 서있다. 그러지 않을 수가 없다.

사람을 믿지 않으면서 왜 인터뷰 요청에 응했냐고 물으니 그는 "바꾸고자 하는 마음은 믿는다."고 했다. 바꾸고자 하는 마음을 갖고 그것을 일정 기간 행동에 옮기는 굳은 심지를. 결국 광장의 힘, 시민으로 주체화된 사람을 믿는 거다.

"우리는 광주에 빚을 지고 있잖아요. 덕분에 민주주의 사회에서 살 수 있었으니까 집회에 나가는 건 당연한 권리이자 의무예요."

계엄이 일어났을 때 그는 서평을 쓰고 있었다. "계엄이래."라는 동생의 카톡을 보고도 그게 무슨 말인지 이해가 되지 않았다. 정규과정을 이수한 자로서 단어의 뜻이야 모르지 않았지만 의미 파악이 안 된 상태로 한동안 멍해있었다. 현실과는 무관한, 너무 뜬금없는 단어가 눈앞에 툭 떨어졌으니 그럴 만도 하다.

포고령을 하나하나 읽고서 제일 먼저 든 생각은 당시 외국에 나가있던 아빠가 무사히 입국할 수 있을까, 하는 걱정이었다. 이어서 신청해놓은 퇴사가 잘 마무리될지, 애인에게 했던 유독 유치한 말이 마지막 대화가 되면 어쩌지? 그리고 앞서 말한 박해울 작가의 강연이 떠올랐다. 서서히 현실인식이 돌아오면서 그는 "포고령을 따를 수 없다. 평소대로 살아야겠다."는 다짐을 했다.

다음날부터 그는 평소처럼 회사에 갔고 평소처럼 하루를 보냈다. 회사에서는 계엄에 대한 이런저런 대책 회의가 있었지만 그게 뭐든 계엄령을 고려한 행동은 '매국'이라 생각했다. 그때만 해도 '내란'이라는 표현은 몰랐다. 이 또한 단어의 의미야 알지만 2025년에 그런 단어를 일상에서 사용하게 될 줄은 상상도 하지 못했으므로.

바로 그 주말, 그는 서울권을 벗어나 대전으로 이사하기로 예정되어 있었다. 복잡하기만 하고 쓰레기도 전기도 묘지도 타지역에 의존하는 서울이 싫었다. 안정적인 걸 좋아하는 그는 자생적인 도시에서 살고 싶었다. 조건은 딱 하나, 퀴어문화축제가 있는 곳. 대전이 적절해보였다.

이삿짐을 정리하다 우연히 대전 집회가 바로 집 앞이라는 걸 알게 되었다. 그날 저녁 은하수네거리로 나왔다. 생각보다 많은 사람들이 모여 있었다. 탄핵이 가결된 후 이제 한고비 넘겼구나, 생각했는데 100일이 넘도록 매주말마다 또는 매일 은하수네거리로 나오게 될 줄 누가 알았겠는가.

"사람을 좋아하지도 믿지도 않아서 기대가 없어요. 낙관적이지 않아요."

얼마 전 한덕수 총리 탄핵 청구가 기각되면서 서울은 다시 집회 참여자가 대폭 늘었다. 하지만 대전은 이전과 다를 바 없었다.  그는 기대가 없기 때문에 참여자가 많건 적건 영향을 받지 않는다고 했다. 그날의 판결에 대해서도 크게 분노하지 않았다.

그런 그도 한강진 집회 때는 화가 났다. 밤새 유튜브를 틀어놓고 잤는데 새벽에 보니 그들의 머리 위로 하얗게 눈이 쌓이고 있었다. 정말 내란이구나, 한낱 대리인이 주인인 국민을 죽이려고 하는구나, 만약에 이들에게 무

퀴어 페미니스트로서 문단문학에 실망하여 장르문학만 읽는다. 그는 독서는 반드시 종이책으로 읽어야 한다는 소신을 가졌다.

슨 일이 생긴다면 국가가 한 짓이다! 그는 분노를 금치 못했다. 동시에 저들의 행태가 점점 안하무인이 되어가는 걸 보면서 기대감은 점점 없어졌다. 그럼에도 광장에 나갔다. 기대도 없이 어떻게 계속 나갈 수 있었냐고 묻자 그는 "이게 제일 싸다."라고 표현했다.

"경찰이나 군인을 동원했는데 국민이 죽지 않는 선에서 그들을 막을 수 있다면, 헌법을 지켜야 한다는 여론 형성에 도움이 되고 압박 수단이 된다면, 나 하나가 더 참석해서 은하수네거리에 나오는 시민들에게 위안이 된다면, 매일 집회를 해서 파면이 된다면 지금 이 방식이 제일 싸다. 그래서 나가는 거예요."

그의 깃발은 '한국과학소설독자연대'. '한국 과학소설 작가연대'를 패러디했다. 좋아하는 작가 이름도 써넣었다. 이산화, 위래, 정보라, 정소연, 천선란 등등… 한국 과학소설 작가, 특히 여성 작가들의 작품을 읽으면 꾸준히 페미니즘과 성소수자 이슈가 나온다. 그는 거기서 안전함을 느낀다. 자신이 안착할 수 있는 장르라고 생각된다.

응원봉은 두 개째다. 꺼지지 않는 빛이라고들 하지만, 고장이 나서 꺼졌다. 얼른 새로 사는 수밖에. 깃발을 만들고 응원봉을 꼬박꼬박 챙겨드는 것은 우리가 할 수 있는 심리적인 무장이며 일종의 몸집 부풀리기다.

### "1순위는 차별금지법이에요."

이번 국면에 유일한 장점이 있다면 많은 국민들이 그동안 몰랐던, 언론이 말하지 않은 수많은 투쟁이 벌어지고 있다는 것을 알리게 된 것이다. 차별금지법도 그중 하나다. 차별금지법 제정을 위해서라면 그는 언제든지 깃발을 들 것이고 멈추지 않고 투쟁할 것이다. 아니, 이전에도 지금도 그는 항상 투쟁의 길 위에 서있다.

"내가 성소수자여서만이 아니라 나 한 사람의 주변만 둘러봐도 가족 친구 친척 중에 농사짓는 사람, 비정규직 노동자, 장애인, 이주여성, 혼혈, 여성 등등이 있어요. 이렇게 많은 정체성이 교차되는데 어떻게 차별금지법을 제정하지 않을 수 있어요?"

차별금지법은 어찌 생각하면 웃기는 법이다. '모든 국민은 법 앞에 평등하다'고 헌법에 명시되어 있는데도 불구하고 제대로 지켜지지 않아서 법률로 따로 만들자는 거니까. 그래도 차별금지법이 있어야 생활동반자법의 근거가 될 수 있으니 반드시 제정되어야 한다. 비정규직 노동자가 동일노동에 대한 동일임금을 요구할 수 있고, 가사'노동자'가 아닌 가사'활동인'이라는 해괴한 이름으로 노동법 적용을 회피하려는 꼼수도 막을 수 있다.

"우리는 언제나 어느 순간에는 소수자일 수밖에 없거든요. 그래서 차별금지법으로부터 시작해야 된다고 생각해요."

딱히 나와는 상관없다고 속으로 생각하고 있는 걸 귀신같이 알아챈 그가 내게 확인하듯 물었다. 집에서 혼자 여성 아니냐고, 남편과 아들 둘 사이에 혼자 소수자이지 않냐고. 나는 말없이 고개를 끄덕였다. 평생 외면하고 뭉개기만 했던 불편한 진실과 무심히 넘어가려는 게으른 인식을 딱 걸려버렸다.

솔직히 말해서 이번 인터뷰가 쉽지 않았다. 준비해간 질문이 거의 쓸모가 없었고 매번 예상과는 다르게 흘러가버렸다. 그 이유가 무엇일까 곰곰이 생각해보았다. 아마 그가 이미 해방의 몸, 평화의 세상을 살고 있어서 그런 것 같았다. 노동자를 존중할 줄 아는 부모 아래 평화의 세상을 경험했고, 소수자들 사이에서 해방의 언어를 습득했고, 기대하지 않는다 해도 평생 투쟁하는 광장의 자식으로 살았으니 평화와 해방의 광장이 익숙한 것이다. 남태령, 또 제2의 남태령을 만든 '해방의 몸'들은 이미 평화의 세상을 살고 있는데, 우리도 부지런히 따라가야 하지 않을까. 시대를 거스르려 하는 저들은 차치하고 광장의 감각을 공유한 우리라도. 게으른 주제에 나는 슬그머니 그들에게 얹혀가고 싶었다.

"사람들은 책을 읽고 재미없거나 원하는 내용이 아니면 실패했다고 말하는데 그건 실패가 아니에요. 내가 좋아하는 게 뭔지 알아가는 과정이에요. 왜 재미없는지 알아야 내가 원하는 책, 좋아하는 책을 고를 수 있잖아요. 윤석열을 피하려면 우리가 어떤 사회를 원하고 어떤 사회를 원치 않는지 알아야 하는 것처럼."

우리는 지금 원하는 사회로 나아가기 위해 탐색하는 중이다. 다시는 윤석열을 만나지 않으려면 반드시 사회대개혁을 해내야 한다. 시민들은 탐색이 끝났는데 정치인들만 아직도 로딩 중인 것 같다. 모르면 나처럼 그냥 따라오라. 그만 버벅거리고.

# 15 이번 광장은 전환점, 죽는 순간까지 투쟁 해야 한다는 걸 알았어요.

한복 덕후, **춘류**

내란이 아직 끝나지 않았다. 경찰 알박기를 하던 최상목에 이어 한덕수가 헌재에 대법관을 알박기하고 이비에스 사장, 인천공항 사장 등 수많은 알박기를 통해 제2의 내란, 일상적 헌법유린을 획책하고 있다. 탄핵은 사회대개혁의 시작이라는 걸 모르지 않았지만, 헌법과 국민을 농락하는 저들의 몰염치가 예상보다 심각하다. 일상으로 돌아가려던 우리는 다시 광장을 열기로 했다. '다시 민주주의'다.

아무리 상황이 급박해도 춘류(만 25세, 여성, 취준생, 대전 중구)는 조급하게 생각하지 않기로 했다. 어차피 평생, 죽는 순간까지 투쟁해야 한다는 걸 이번 기회에 확실히 깨달았기 때문이다. 막연하게 고민하던 '어떻게 살 것인가'에 대한 해답을 광장에서 얻었다.

2차 남태령-경복궁 집회가 전환점이 되어주었다. 그동안 그는 금토일월은 본가가 있는 서울에서, 화수목은 자신이 살고 있는 대전에서 집회에 참여하고 있었다. 그래서 수요일인 2차 남태령 집회는 갈 생각이 없었다. 근데 한덕수가 기각되는 걸 보면서 가는 쪽으로 마음을 바꿨다. 버스에서 내리기도 전에 길게 늘어선 경찰들을 보고 그는 철야투쟁을 각오했다. 그래도

붉은 한복을 입은 춘류. 옆에 파란색 은 한복 메이트
ⓒ 정유정youjung.jung@gmail.com

1차에서 배운 게 있다면 길을 열겠지 했는데, 그들은 전혀 배운 게 없었는지 트랙터를 불법탈취했다.

트랙터를 되찾기 위해 달려간 경복궁에는 더 많은 경찰들이 방패를 들고 스크럼을 짜서 지하철 출구를 막고 있었고, 경찰 버스는 계속 불어났다. 마침 거기는 춘류가 가본 적 있는 대여한복 상점거리였다. 길을 아는 그가 사람들을 데리고 뒷길로 달려갔는데 경찰 오토바이가 골목 여기저기를 위협적으로 누비고 있었다. 숨이 턱밑까지 차도록 달려 겨우 도착한 곳에서는 채증이 끝났으니 즉시 체포하겠다는 엄포와 함께 바로 경찰이 덤벼드는 살벌한 풍경이 벌어지고 있었다.

춘류는 그때 알았다. 투쟁현장을 못 떠나겠구나. 일반시민이 없었다면 벌써 다 잡아갔겠구나. 나 한 사람이 떠나면 동지들이 다친다. 결국 연대만이 살길이다!

광장에서 휘날리는 깃발 © 트위터리안 영원한 기록자

"무서웠어요. 정말 무서웠지만, 말도 안 되는 짓을 버젓이 하는 게 더 무서웠어요. 12·3 계엄 이후로 우리는 돌아올 수 없는 강을 건넜다는 말을 많이 해요."

그는 2월부터 광장에 나왔다(정확히는, 12월 첫 주에 국회 앞에 갔고 가끔 퇴근길에 잠시라도 대전 광장에 들르기도 했지만 그 정도로는 성에 차지 않았기 때문에 무효다). 하필이면 계엄이 일어난 그 주에 이직을 했다. 불행히도 그곳은 주 16시간 이상을 일하게 하고도 최저시급을 제대로 주지 않는 곳이었다. 게다가 대표는 계엄을 옹호하는 가짜뉴스를 떠들어대는 극우 성향의 사람이었다. 급기야 대표는 사상검증에 가까운 질문을 해댔다. 과로사 직전이기도 했지만 대표의 막말을 더 이상 듣고 있을 수 없어 그는 회사를 그만두고, 광장으로 달려갔다. 그동안 탄핵가결 집회나 남태령, 한강진 집회에 못 갔던 한을 실컷 풀리라, 극우들 사이에서 일하며 속으로만 외쳤던 것들을 마음껏 표출하리라. 그는 당장 깃발부터 만들었다.

"깃발을 흔들며 '나 여기 있다'를 말하고 싶었어요. 아무 말 깃발도 있지만, 이왕이면 내가 하고 싶은 말을 전하고 싶었죠."

원래 빨강을 좋아했다. 특정 정당에 빨강을 뺏긴 게 억울했다. 선거철에는 특히 더 빨강을 피해야 하고 가끔 친구들이 놀리는 것도 서러웠다. 저들에게서 내 것을 되찾아올 때가 되었다는 생각에 깃발 문구를 '빨강은 혁명의 색이다'라고 정했다. 빨강 한복도 입었다. 친구들은 너무 튀어 특정 당하지 않을까 걱정했다.

"오히려 보호색이 되어주었어요. 강렬한 인상 때문에 빨강만 벗으면 전혀 못 알아보거든요."

빨강만큼 그는 어릴 때부터 한복을 좋아했다. 곡선을 그리며 길게 한들거리는 특유의 풍성함이 멋스러웠다. 특히 신라시대의 화려하고도 빛나는 한복을 좋아한다. 오랜 시간 국가의 흥망성쇠를 겪으면서도 한복이라는 고유함이 그대로 이어져 내려온 게 신비롭다. '하늘의 옷'이라고 불리기도 하는 한복을 원하는 디자인으로 제작하기 위해 그는 발품을 팔았다. 지금은 단골집이 생겨 좀 더 간편한 소재로 현대화하거나 패셔너블하게 디자인한 한복을 마음껏 입는다. 그러려면 따가운 시선쯤은 당당히 무시해야 한다. 다행히도 광장에서는 많은 사람들이 한복을 좋아해 주고, 나도 입어보고 싶었다는 반응까지 보인다. 처음으로 한복 입고 다니길 잘했다고 생각했다. 좋아하는 것을 당당히 드러내는 순간이 차곡차곡 쌓여 한 사람의

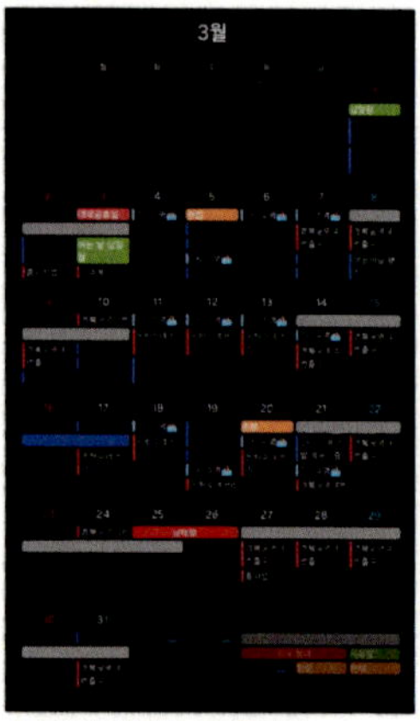


춘류의 빼곡한 투쟁일정

인터뷰하던 날 입고 온 한복

정체성이 되고, 나아가 '고유한 나'로 살게 한다. 이게 바로 덕질의 힘이자 매력인 게지.

그는 중학생 때부터 정치에 관심이 많았다. 뉴스나 칼럼을 스스로 챙겨보았고, 주변 친구들도 비슷한 성향이었다. 본격적인 인터넷 세대인데다 덕질을 하면서 자연스럽게 트위터를 하게 되었고, 세상 돌아가는 소식을 빠르게 접할 수 있었다. 지금 그의 10년 지기 트친들은 모두 광장에 나왔다.

"관심을 놓을 수가 없어요. 눈을 떼면 죽는 거예요. 뻔히 눈 뜨고 쳐다보는데도 저러잖아요."

글을 쓰는 현재도 지귀연 판사가 국민을 우롱하고 법정을 모독하는 걸 보면, 그의 말대로 "눈을 떼면 죽는다." 두 눈 부릅떠야 한다. 최대한 광장에 많이 나오는 수밖에 없다. 잠깐 앉았다 가더라도 머릿수를 채워야 한다.

그동안 직장생활에 매여 청원이나 후원 정도밖에 못 했으니 더 많이 투쟁에 참여하려고 애를 쓴다. 당연히 연대투쟁에도 적극 참여했다. 그동안 몰랐던 투쟁의 장이 많다. 구미옵티컬 투쟁이 450여 일이 넘었다는 것도, 대전에서 웅진코웨이 투쟁이 있다는 것도 몰랐다. 그중 세종호텔이 가장 마음 쓰인다. 동종업계라 공감이 되어서 더 그런 것 같다. 탄핵집회 때문에 자주 가지 못해 지금도 마음의 빚으로 남아있다.

많은 동지들이 민주노총에 가입했지만 그는 당분간 일반시민의 위치에서 연대하고자 한다. 일반시민의 눈을 두려워하는 저들을 보았기 때문이다.

"국민의힘 해체, 검찰과 언론개혁, 그리고 노동시장개혁을 해내야 해요. 어느 것이 먼저랄 것 없이 다 중요해요. 안 그러면 몇 년 뒤에 또 어떤 최악의 일이 닥칠지 알 수 없어요."

특히 노동시장개혁은 그에게도 중요한 과제다. 경기가 나빠지면 제일 먼저 위협을 느끼는 업종의 노동자이자 6년이라는 애매한 경력자로서, 그리고 노동시장에서 착취와 피해를 받아온 피해자로서. 지난번 회사에서도 그는 경력을 인정받지 못했다. 근로계약서도 쓰지 않고 수습기간까지 요구했다. 사람을 키우지 않고 쓰고 버리는 노동시장을 개선하지 않으면 언젠가 모든 산업이 허리가 부러져 거꾸러질 것이다.

또한 비정규직은 사라져야 한다. 이 광장을 건너오면서 우리는 비정규직을 철폐하라는 노동자들의 절규를 들었고, 공정을 앞세운 엘리트들의 위선을 알아버렸다. 광장의 여론이 변했다는 걸 정치인들은 직시해야 할 것이다.

"이번 광장은 '전환점'인 것 같아요. 개인적으로 어떻게 살아야 하는지 알게 된 계기가 되기도 했고요, 사회문화적으로도 중요한 전환점이 되

퀴어 퍼레이드에서 새로운 한복을 선보이고 있다.
©트위터@ObraDinn05

었죠. 이전 세대의 노하우가 단절될 위기였잖아요. 근데 광장에 나온 사람들이 급속 운동권화 되면서 민주시민으로서 어떻게 투쟁해나갈지 전수받은 느낌이에요.”

코로나 때부터 동아리활동이나 덕후들의 행사가 맥이 끊기고 있었다. 집회문화도 마찬가지였다. 기성세대가 아니면 더 이상 꾸려갈 사람이 없었다. 그런데 이번 광장에서 모든 게 전수되었다. 전수를 받는 차원을 넘어 모두가 주체가 되었다. 지난 박근혜 탄핵 당시에만 해도 노동권이나 장애인, 성소수자는 뒷전이었다. 탄핵에 집중해야 한다며 다른 이슈는 꺼내지도 못하게 했다. 지금은 다르다. 아무도 뒤에 있지 않다. 어떤 이슈든 외칠 수 있고, 몰랐던 이슈에 귀 기울이고 연대한다. 정상성에 대한 전복을 꿈꾼다.

나는 왜 운동의 방식이 당사자 중심을 넘어 연대로 갔는지 물었다. 그는 다리를 다친 경험을 이야기하며 교차성을 말했다.

"모든 의제는 당사자들만의 문제가 아니라 연결되어 있다는 걸 깨달은 거죠. 타인의 도움 없이는 나를 지탱할 수 없다는 걸 폭넓게 이해하게 된 거 같아요."

사실 우리는 누구라도 언제든지 소수자가 된다는 걸 모르지 않았다. 광장은, 우리가 알지만 미처 해결하지 못한 것들을 펼쳐낼 수 있게 해주었다. 각자 흩어져있던 개인과 개인이 연결되면서 타인의 존재를 인정하고, '관계하는 시민'으로 거듭나게 된 것이다.

파면선고 후 그는 일단 숨고르기를 하기로 했다. 종일 잠자는 시간을 가진 후 아침수영을 시작하고 베이킹을 하고 영화를 봤다. 슬슬 취업준비도 시작하려 한다. 그는 이제 일상으로 돌아가 다시 노동자로 살면서 투쟁을 이어갈 것이다. 일하면서도 계속 정치에 관심을 갖고 연대투쟁할 시간과 여유가 있는 노동환경이기를. 그런 세상을 우리가 함께 이루어낼 수 있기를.

# 16 청소년이 집회에 왔다고 기특해마세요, 우린 당신의 동지예요

뮤지컬 덕후, **설탕**

인간은 불완전한 존재다. 다면적이고 다층적인 사고와 감정이 이리저리 얽혀 예상치 못한 모순에 빠지기도 한다. 그럼에도 인간은 혼돈 속에서 아름다움을 추구하거나 고통 속에서 의미를 찾으며 삶을 해석한다. 복잡하고 혼탁한 세상 한구석에 점 하나라도 자신의 의지대로 찍으려 한다.

설탕(19세, 여, 특성화고 학생, 대전 동구)은 그런 스토리를 연출과 연기를 통해 무대라는 한정된 공간 안에 예술적으로 표현하는 뮤지컬을 좋아한다. 원래는 2D만 '팠는데', 어느 날 친구에게 이끌려서 본 뮤지컬에 홀딱 빠져들었다.

한창 탄핵집회가 이어지던 지난겨울에도 〈스윙데이즈〉라는 뮤지컬을 봤다. 하루쯤 집회에 빠져도 되겠지, 하는 마음으로 갔다가 더 열심히 나가야지, 각오를 다지고 돌아왔다.

다음 집회 때 그는 〈스윙데이즈〉를 인용하여 시민발언을 했다. "너 하나 달려든다고 뭘 바꿀 수 있겠냐."는 친구의 말에, "나 같은 사람 뛰어들어서 하루씩, 또 한 사람 뛰어들어서 또 하루씩, 그렇게 독립을 앞당길 수 있을 것 같아서."라고 답하는 뮤지컬 속 대사를 전했다. 우리도 고작 한 명이 더 간다고 뭐가 도움이 되겠나 생각하겠지만 그 한 명이 광장에 나오면서 또

광장의 시간이 담긴 깃발과 단결투쟁 머리띠와 파면된 날의 호외신문을 상자에서 꺼내 보였다.

하루씩 탄핵을 앞당길 수 있지 않겠냐고, 앞으로도 우리는 그 '한 사람'이 되자고 말했다.

"나는 원래 방관하는 사람이 아니에요. 누군가 나서야 한다면 내가 그 누군가가 되고 싶어요."

계엄이 떨어진 날, 그는 재난대비매뉴얼에 따라 짐을 챙기려고 했다. 이제부터 군대와 경찰이 우리 편이 아니라고 생각하니 두려움이 앞섰다. 그런 상황에서도 국회 앞으로 달려온 시민들을 보면서 자신도 뭔가 하고 싶다는 생각이 간절해졌다. 그는 다음날 바로 집회에 나갔다. 태어나 처음 가는 집회라 SNS에서 만난 사람에게 도움을 청해 그를 따라다녔다. 다행히 광장은 생각보다 훨씬 안전했다. 서로 도와주는 게 당연했고, 무심한 듯 배려가 넘쳤다.

"조금만 힘든 티가 나면 슬그머니 와서 깃발을 대신 들어주고, 핫팩을 툭 전해주고 가는 사람도 있었어요."

얼마 지나지 않아 그는 바로 독립을 했고 선두에 서서 깃발을 들었다. 그의 깃발은 깃대가 두 개다. '깃발은 흔들고 싶은데 체력은 없는 협회'라서 그렇다. 깃발을 흔드는 게 아니라 깃대를 양팔에 끼우고 몸을 흔든다. 그래도 기수는 기수라 깃대를 보고 집회장소를 묻거나 따라오는 사람도 있다. 처음에 그를 이끌어준 사람처럼 그도 누군가에게 도움을 주는 사람이 되고 싶다.

"깃발은 선두라는 느낌이 강해요. 산 자여 따르라, 라는 노래 가사처럼 나는 앞장서서 나아가고 싶어요."

광장에는 정치에 관심 있는 사람이 많아서 반가웠다. 그의 주변 어른들은 대체로 정치에 대해 말하지 않는 편이어서 답답했다. 광장 속에서 그는 그동안 당연하다고 생각한 것들이 정말 옳았는지 다시 한번 생각해보는 기회를 가졌다.

그는 탄핵 가결하던 날의 감동을 잊을 수 없다. 수업이 끝나자마자 바로 집회장소로 달려갔다.

"'204표'라는 우원식 의장의 말이 떨어지자마자 옆 사람을 마구 끌어안으며 함성을 질렀어요. 일면식도 없는 사람들이 서로 토닥이는데, 울컥하더라고요."

파면선고가 있던 날은 학교에 있던 시간이라 그런 기쁨을 나누지 못했다. 대신 저녁에 모여 뒤풀이 집회를 열었다. 수고 많았다며 처음으로 자기소개를 하고 인사도 나눴다. 학생들이 많았는데, 고3도 꽤 있었다.

깃대가 두 개인 설탕의 깃발

"너무 억울해요. 우리가 뽑지도 않은 대통령을 두 번이나 탄핵해야 했지만, 생일이 6월 이후라 이번 대통령 선거도 참여하지 못해요. 제발 어른들이 제대로 뽑았으면 좋겠어요."

그는 청소년들이 집회에 참여하는 것에 대한 시선이 많이 변한 것을 실감한다. '우리는 기특한 존재가 아니다. 우리를 자랑스러워하지 말고 기특해하지도 말고 한 사람으로 존중하라. 우리는 당신의 동지다.'라는 말은 여성에게도 청소년에게도 그 누구에게도 적용된다. 설탕은 자신에게도 그런 편견이 있다는 걸 깨닫는 계기가 되었다.

은하수네거리에 휘날리는 깃발들의 아우성

노조에 대해 알게 된 것은 예상치 못한 큰 소득이다. 특성화고 특성상 학교에서 학생을 노동현장으로 파견하는데, 무슨 일이 있으면 선생님에게 연락하라고 하지 노조에 대해서는 알려주지 않았다. 졸업하고 나면 끈 떨어진 연처럼 혼자가 될 거라는 불안에 취업을 해도 마냥 기뻐할 수 없었다.

"특성화고 학생들이 바라는 것 중에 하나가 '임금체불이 없는 회사'래요. 근데 광장에서 그런 상황에 놓일 때 도와주는 단체가 있다는 걸 안 거예요. 든든하죠. 저희는 안타까운 사고나 비윤리적 행위, 범법·불법 행위에 대한 이야기를 정말 많이 듣거든요."

그에게는 발달장애를 가진 동생이 있다. 그에게 동생은 장애인이기 이전에 그저 동생이다. 동생이 괜히 밉기도 한 '흔한 남매'인데, 그가 동생을 미워하면 장애인 학대 또는 장애를 가진 동생 때문에 받은 스트레스라고 지레짐작한다. 또 동생에게 잘해주면 역시 장애인 가족은 착하다거나 희생한다는 식으로 바라본다. 그는 장애인 가족도 그저 평범한 가족일 뿐이고, 서로 돕기도 하지만 각자 자신의 삶을 살아가는 개별적인 존재라는 점을 잊지 말아달라고 했다.

"장애인 가족을 하나의 특징으로 묶지 않았으면 좋겠어요. 발달장애아를 '특별한 아이'라는 식으로 뭉뚱그려 말하는 것도 나는 불편해요."

그런 의미에서, 이번 광장에 나온 덕후들에 대해서도 덕후라는 정체성으로 묶기보다는 개별적인 한 사람으로 바라보자고 한다. 덕후를 하나의 특성으로 묶기에는 워낙 덕후가 많이 늘어나지 않았냐고. 하긴 덕질에 대한 인식이 확장되면서 전국민의 덕후화라고 해도 무방할 정도다.

"우리는 서사가 있는 스토리를 보고 자라왔어요. 히어로라고 해서 항상 옳지만은 않고 악인들도 항상 나쁘지만은 않아요. 다 개연성이 있어요. 그래서 우리는 선이 항상 옳은가, 악이 무조건 나쁜가를 고민하며 자란 세대예요. 주인공이 겪은 고통이 아무리 커도 그가 행한 악은 용서받을 수 없다는 걸 이미 잘 알고 있어요."

그는 이번 계엄도 정치라는 스토리 안에서 나름의 이유와 충돌이 있었겠지만 국민을 향해서 군대를 동원한 이상, 용서받지 못하는 결말로 이어질 수밖에 없다고 단호히 말했다.

앞으로 그는 소수자들의 인권에 좀 더 관심을 기울일 생각이다. 장애인, 성소수자 등의 이야기를 경청하기 위해 다른 집회에도 참여할 계획이다.

대전청년회에서 주최한 '5.18 광주기행'에 참여하여 금남로를 누볐다.

현재로선 세월호 추모식과 퀴어 퍼레이드가 예정되어 있다. 그렇다고 대단히 정치적인 활동을 할 생각은 없다. 오히려 그는 이전과 다를 것 없이 살고 싶다.

"집회에 나갔다고 해서 별다를 건 없어요. 나는 그냥 나예요. 여전히 고3학생이고, 뮤지컬을 좋아하는 일반 덕후 중 한 명이죠. 집회에 나갔다는 게 특별한 일이 아니었으면 좋겠어요."

광장은 다면적인 '나'를 이루는 "나의 일부"라고 그는 잘라 말한다. 광장에 있다고 해서 우리가 다 똑같은 생각을 하는 건 아니듯이 광장은 삶을 이루는 다양한 면 중 하나여야 한다.

그는 광장의 시간이 담긴 깃발과 단결투쟁 머리띠와 파면된 날의 호외신문을 모아 상자에 보관하기로 했다. 그가 앞으로 또 어떤 '일부'를 만들어가고, 새로운 삶의 상자를 포개어갈 것인지 자못 궁금하다.

그는 인터뷰가 끝난 이후에도 뮤지컬 이야기를 아주 자세히, 신이 나서 말했다. 태블릿을 열어 중요한 넘버나 대사, 연출 등을 보여주면서 그 시대의 아픔이 지금의 아픔과 어떻게 같고 다른지 알려줬다. 60번이나 봤다는 영화 〈더 기버〉에 대해서도 열정적으로 이야기했다. 전쟁이나 차별 같은 세상의 불완전함과 인간의 다양성을 어떻게 연출로 표현했는지 진지하게 설명했다. 나는 보지 못한 영화와 뮤지컬이라 정확하게 이해할 순 없었지만 설탕의 '덕심'은 충분히 전해졌다.

덕후들은 스스로 납득되거나 만족할 때까지 파고든다. 아니, 인간이라는 생명체는 한 사람 한 사람 개별적인 호기심으로 자신이 납득할 때까지 답을 찾고, 만족할 때까지 파고든다. 세상을 바꾸기 위한 우리의 의지가 발현된 이상, 중간에 멈추는 일은 없을 것이다. 우리가 원하는 세상을 이룰 때까지 계속 나아갈 것이다. 어쩌랴. 그것이 '나'를 이루는 한 면인걸.

저도깃발이라는걸흔들고싶은데요
깃발은 흔들고 싶은데
체력이 없는 협회
팔힘이없어요
체력도 없어요

# 17 내일도 만나요... 탄핵 집회가 알려준 살아야 할 이유

–농담곰 덕후, **최서희**

남태령대첩을 보면서 저건 혁명이다, 생각했다. 보통 우리는 이전과는 급격하게 다른 근본적인 변화가 일어났을 때 혁명이라 부른다. 대체 남태령의 무엇이 혁명을 떠올리게 했을까.

갑자기 혁명을 말하는 이유는 최서희(25세, 직장인, 대전 유성구)의 내면에 일어난 혁명을 보았기 때문이다. 우울증과 ADHD로 삶에 아무런 반향이 없던 그에게 광장의 시간들은 서서히 파동을 일으키고 에너지를 불러와 급격하게 삶을 변화시켰다.

파면선고가 내려진 날, 그는 회사동료들의 축하 메신저를 받았다. 다 같이 생방송을 보는 분위기는 아니었지만, 파면소식이 전해진 순간 많은 시선이 그에게로 향했다. 동료들은 그가 꾸준히 광장에 나가는 걸 알고 있었다. 그는 내수경제 진작을 위해 직원들에게 커피를 돌렸다. 저녁에는 집회에 가서 깃발 동지들과 축하파티를 했고, 모처럼 토요일에 늘어지게 잤다.

"이 순간을 위해 달빛요정역전만루홈런의 '축배'라는 노래를 아껴두었다고 하더라고요. '오늘을 위해서 내일을 향해서, 그날이 온다면' 그 대목에서 진짜 뭉클했어요."

YouTube
달빛요정역전만루홈런의 '축배'

여전히 우울하지만 전보다는 나아지고 있다는 게 중요하지 않을까.

중학교 때 세월호를 겪으면서 그는 심한 부채감에 시달렸다. 친구들이 죽어가는 동안 몰랐다는 미안함, 유가족들을 위로하지 못했다는 죄의식, 최대한 목소리를 내지 못했다는 죄책감이 그를 계속 괴롭혔다. 박근혜 탄핵 당시 그는 부모님에게도 말하지 않고 혼자 집회에 다녔다. 충분히 애도하지 못한 대가는 오래도록 우리의 발목을 잡는다.

아직 어릴 때였는데 아이들을 구하지 못한 어른들을 탓하지 않고 왜 부채감을 가졌냐고 묻자 그가 되물었다.

"그 시대를 살아가는 한 사람으로서 당연한 거 아니에요?"

시민으로서의 주인의식은 어른이 되어야 생기는 게 아니라는 걸 다시 한번 깨닫는다. 그렇다 해도 그는 유난히 책임감이 강한 편이이었다. 장녀이고 어릴 때 동생이 크게 다친 적이 있어서 그런 것 같다고 했지만, 그의 실수로 다친 것도 아니어서 딱히 이유가 되지는 못한다. 어쨌든 지나친 책임감과 감수성이 정신을 갉아먹는 것 같아서 그는 한동안 정치와 사회문제를 외면하고 살았다. 고등학교, 대학교 시절은 하얗게 공백이다. 아니, 계엄선포가 있기 바로 전까지는.

"나는 스스로 중도라고 생각해요. 원래 나 정도면 정치에 무관심한 거고 중도에 속한다고 해야 맞잖아요."

계엄이 있던 날, 그는 일찍 자리에 누웠다. 불면증으로 전날도 잠을 못 잤기 때문에 몹시 피곤했다. 그런데 갑자기 카톡이 쉬지 않고 울렸다. 친구들이 수다를 떠나 보다, 생각하고 핸드폰을 끄려는데 계엄이라는 글자가 보였다. 뉴스를 확인하고 그는 망연자실해졌다. 부모님은 다른 지역에 있고 동생은 자취하고 있어 집에는 혼자였다. 엄마에게 전화했더니, 일단 상비약과 물을 사다 놓으라고 했다. 그는 가까운 편의점에 가서 양팔이 무겁게 물을 사들고 왔다. 고작 물이지만 사재기를 하고 있자니 자괴감이 밀려왔다. 이러다 가족을 못 만날 수도 있다는 생각까지 들자 점차 공포감이 커졌고 결국 밤을 꼴딱 새웠다.

주말에 그는 국회로 향했다. 책임감에 불이 들어온 거다. 서둘러 맞춘 깃발을 든 채였다. 박근혜 탄핵집회에서 본 깃발을 언젠가는 들어보고 싶었다. 어떤 글귀를 담을지는 오래 고민하지 않았다. '전국정신건강의학과 개근환자협회.' 트위터에서 본 '정신과 개근환자라는 건 의지가 있어야 가능한 일이다'라는 말이 마음에 와닿았던 터였다.

국회 앞에 사람이 너무 많아서 살짝 공황이 오기도 했지만, 그의 깃발을 보고 헐레벌떡 뛰어와 약병을 보이며 "저도 다니고 있어요."라고 말을 건

네는 이들 덕에 버틸 수 있었다.

**"나만 아픈 게 아니라는 거, 아픈데도 다들 용기 내어 나왔다는 사실이 큰 위로가 되었어요."**

깃발과 함께 '농담곰' 그림이 그려진 옷이 항상 그와 함께였다. 원래 그는 게임을 덕질했다. 얼마 전 페미 논란으로 '터진' 바로 그 게임. 마음이 힘들 때마다 게임을 하면서 정말 많은 위로를 받았고 자캐를 만들기도 했는데, 더 이상은 할 수가 없게 되었다. (사실은 바로 끊지 못하고 얼마간 더 했다고 고백했다. 너무 좋아했기 때문에 단번에 끊어낼 수가 없었단다. 그런 스스로에게 너무 화가 나서 결국 그만뒀지만, 부끄러우니까 글에는 쓰지 않았으면 좋겠다고 했다. 나는 쓰자고 그를 설득했다. '터진' 게임을 한 것보다 말도 안 되는 딱지를 붙여 혐오를 일삼는 게 진짜 부끄러운 거 아니냐고, 분노는 그들을 향해야 한다고. 그는 바로 고개를 끄덕이며 글로 쓰는 것에 동의해 주었다.)

이것저것 다른 게임을 해봤지만 그는 어느 것에도 정착하지 못했다. 그때 눈에 들어온 게 '농담곰'이었다. 한창 유행할 때는 모르고 있다가 이모티콘이 다시 출시된 걸 보고 홀딱 반했다. 언젠가 지인이 농담곰으로 래핑한 차 사진과 함께 "농담곰을 보니 네 생각이 나."라는 문자를 보내주었는데, 최고의 선물을 받은 기분이었다.

"사람은 누구나 사랑받고 싶은 욕구가 있잖아요. 그 욕구를 한 대상에게 쏟는 거죠. 그러니까 누군가를 사랑한다는 건 '나의 확장'인 거 같아요."

'나의 확장'이 덕후의 기본값이라면 내 삶이 확장되는 공간인 사회에 관심을 갖고 광장에 나오는 것은 어쩌면 자연스러운 일이겠다. 덕후들이 유별

귀여운 걸 좋아하는 그는 항상 농담곰과 함께한다.

나게 정의감이 투철했다기보다는 사랑을 확장할 수 있는 감각이 발달해있었던 거다.

탄핵이 가결되던 날에도 서울로 올라가 수많은 사람들과 함께하면서 한껏 감정이 고양되었다. 하지만 그걸로 끝이었다. 더 이상은 힘들어서 아무것도 할 수가 없었다. 이렇게 오래 걸릴 줄 몰랐다. 나가야 하는데... 할 수 있는 일을 해야 하는데... 나는 왜 이 모양일까... 생각이 많아지고 죄책감이 생기고 자기 비하로 이어졌다.

매일 누워있기만 하고 멍하니 아무것도 안 하는 날들을 한참 보냈다. 그렇게 조금씩 마음을 회복하고 있었다. 그때 윤석열이 구속취소가 되고 대전에서 매일 집회가 시작되었다. 평일이라 참여자 수가 많지 않아 기수들이 위협을 느낀다는 소식도 들려왔다. 그는 다시 힘을 내어 집회에 나갔다.

위태로운 삶일지라도 오늘은 정당한 권리를 누리고 싶다.

광장 동지들을 만나고 시민발언을 듣고 있자니 몸은 힘든데 마음은 개운했다.

**"매일 집회로 바뀐 게 저에게는 큰 변곡점이 되었어요."**

집회가 끝나고 그는 동지들에게 "내일 보자." 인사를 했다. 무심코 말하고서 그는 흠칫 놀랐다. 퇴근하고 집에 오면서 '오늘 죽어야겠다.'를 되뇌던 자신이 내일을 약속하다니. 매일 잠들면서 내일이 안 왔으면 좋겠다고 생각하는 그는 의식적이든 무의식적이든 약속을 만들지 않았다. 그런데 내일 약속이 생겼다. 계획이라는 게 생긴 거다. 내일에도 살아있어야 할 이유가 생겨버렸다! 매일 집회가 그에게는 매일 할 일이 되었고, 매일 살아야 할 이유가 되어준 셈이다. 그의 혁명이 시작된 단초다.

"그래, 탄핵될 때까지 살아서 매일 보자. 그게 그 순간에는 내 인생에 커다란 목표가 되었어요."

집회에 나오면서 민주노총 사람들을 많이 만났다. 그들의 이야기를 자주 들으며 노동권에 관심을 가지게 되었다. '앞서서 나가는 사람'들에 대한 존경심이 절로 일었다. 그렇잖아도 얼마 전 회사에서 부당한 일을 겪고 노조 사무실에 달려가 상담을 받은 적이 있다. 근데 비정규직이라 해줄 수 있는 일이 없다는 답을 듣고 허탈했었다. 그는 다시 마음을 일으켜 혁명을 시도했다. 민주노총 일반노조에 가입해서 비정규직 노조를 만들기로. 그는 벌써 내규도 만들었고, 이제 신고만 하면 된다.

새로운 깃발도 만들었다. '노동자는 소모품이 아니다.' 파면이 선고된 후 매일 집회는 끝났지만, 그는 민주노총 청년사업기획단으로서(어느새 기획단원이 되었다) 세월호 사업을 준비해야 하고, 5월에는 노동절을 준비해야 한다. 깃발 동지들과 다음 투쟁에서 만나자는 약속도 했다. 그는 '바쁘다, 바빠'를 되뇌며 계획을 세운다. 그래도 집회가 없어졌으니 토요일은 누워있을 거다. 마음건강을 위해.

광장은 그에게 '의지'를 갖게 해주었다. 살 수 있는 의지, 계획을 세울 의지. '이전과는 급격하게 다른 근본적인 변화'를 일으킬 의지다. 그동안 하고 싶은 것도 없이 스스로 "존재가 희미하다."고 느꼈는데 지금 그 어느 때보다 진한 존재감을 느낀다. 흘러가는 대로 살다가도 자신이 할 수 있는 걸 행동으로 옮길 수 있는 사람이 되고 싶다.

**"만일 내가 해고되더라도 나로 인해서 노조가 생긴다면 그걸로 된 거 아닌가 싶어요. 내 삶을 돌보지 않는 방식일 수도 있는데요, 위태로운 삶일지라도 이전으로 돌아가고 싶지는 않아요."**

행여 노조가 와해되더라도, 그의 정신이 또 그를 덮치더라도 혁명을 시도한 경험이 그에게 남았음을 그가 잊지 않았으면 좋겠다. 실패한 경험이 아니라 시도한 경험이고, 공백이 아니라 징검다리가 놓인 거니까. 그 또한 '나의 확장'이고, 확장한 자신을 마음껏 사랑하길. 그렇게 계속 그의 삶이 이어지길. 쉬다가 다시 광장에 나왔듯이 힘들면 또 쉬면서 살아가길.

우울증 환자가 지나치게 의욕이 앞서면 위험하다는 말이 있다. 어쩌면 그는 지금 과욕을 부리고 있는 거라 의사나 전문가들이 보면 기겁할지도 모른다. 하지만 나는 전문가가 아니고 그저 그를 응원하는 한 사람으로서 혁명을 시도하는 그에게 박수를 보낸다. 원래 혁명은 위험하고 위태로운 것. 끝없이 변하고 변하고 변하고, 따르고 따르고 따른 후에 '산속 싶은 곳, 아름다운 꽃그늘 아래 묻히는 것.'[25] 그렇게 혁명은 아직 끝나지 않는 것. 인터뷰를 마치면서 그는 부끄러워서 의사에게도 솔직하게 말하지 못하는데 아주 편안하게 자신의 이야기를 털어놓았다고 했다. 나도 인터뷰한다는 느낌보다 대화하는 기분이었고 내내 즐거웠다. 그는 상대의 마음을 무장해제하는 매력이 있었다. 처음 만났는데도 오래 알아온 사람처럼 친근하고 푸근했다. 그가 내일도 오늘처럼 터놓고 말하며 웃기를. 혁명도 좋고 개근도 좋지만 가끔은 일탈도 꿈꾸기를. 안전하고 편안한 일상을 이야기할 수 있는 세상이 오기를. 자꾸만 그를 위해 기도하는 마음이 되는 건 왜인지 모르겠다.

---

25 '벨라 차오' 노래 인용

# 18 광장의 사랑도 조건 없이 먼저 마음을 내어주는 것

'생명들' 덕후, **김나희**

"새만금 신공항은 조류충돌위험도가 무안공항의 636배입니다!"

대전 광장에서 가장 기억에 남는 발언을 딱 하나만 꼽자면 바로 이거다. 제주항공 참사가 발생한 지 얼마 되지 않은 때여서 더 충격적이었다.

조류서식지에 공항을 지으려면 조류충돌위험 때문에 새들을 몰살시켜야 한다. 먹이가 있는 갯벌을 시멘트로 발라버리고, 폭음이나 맹금류 소리를 내서 새들이 날아오지 못하게 하고 둥지를 파괴한다. 그래도 오면 페인트를 쏴서 괴롭히거나 총으로 쏴서 죽인다. 하지만 사람이 아무리 막는다 해도 새들은 이동경로니까 지나갈 것이고 서식지니까 찾아올 수밖에 없다. 결국 인간은 재난을 입을 수밖에 없다. 조류서식지에 공항을 짓겠다는 건 사실상 인간의 자살행위다. 그러니까 새들을 위한 외침 이전에 인간의 재난을 막고자 하는 외침이다.

고백하자면, 나는 환경운동가들이 현실정치를 조금 모른다고 생각했다. 당장의 민생, 당장의 정치지형이 얼마나 중요한지 간과하는 것 같았다. 근데 누가 더 현실적이지 않은지 모르겠다. 그들은 바로 내게 닥칠 위기를 경고하고 있었다. 대전에 사는 내게 닥칠 위협이 아니라고? 우리 모두는 이미 세월호 유족인데? 지금도 제주항공 참사로 상중인데?

그림을 그리고 있는 김나희를 농성장 앞에서 처음 만났다.

사랑을 담아 그린 그림들

김나희(만 48세, 여자에 가까운 젠더퀴어, 인간동물만 진료하는 한의사, 대전 서구)는 '생명들'을 덕질한다고 했다. 도요새, 맹꽁이, 돌고래 등등. 솔직히 처음에는 생명들을 '덕질'한다니 좀 억지 아닌가 생각했다. 그런 나의 생각을 눈치챘는지 그는 BTS를 좋아하는 아미라는 것, 영화 〈콘클라베〉를 보고 홀딱 반해서 끊었던 트위터를 다시 시작했다(역시 덕질은 트위터라면서)는 이야기부터 시작했다.

그는 어릴 때부터 인간이 아닌 생명들에게 마음이 갔고 그들의 지혜를 배우고 싶었다. 대학 때 환경운동 동아리에 들면서 그들과 조금 가까워졌고, 새만금 간척사업 반대투쟁을 하면서 본격적으로 생명들을 '만났다.'

"내가 지금껏 알고 있던 세상보다 훨씬 넓은 세상을 만났죠. 돈으로 환산할 수 없는 경이롭고 신비로운 세상이었어요."

도요새는 시베리아·알래스카에서 호주·뉴질랜드까지 쉬지 않고 날아간다. 7-8일간 먹지도 자지도 않는다. 다시 북극지방으로 돌아가는 길에 새만금 등지에서 쉬어 가는데, 뉴질랜드에서 오는 동안 몸무게의 40%가 줄어들어 있다. 여기서 잘 먹고 잘 쉬어야 다시 알래스카까지 갈 수 있는데 갯벌이 없어지면 그대로 죽는 거다. 붉은어깨도요가 그렇게 93%나 몰살당했다. 그 현장을 본 외국의 조류학자는 트라우마가 생겨 다시는 한국에 오지 않는다고 한다.

"알래스카에서 번식을 하고 부모 새들이 먼저 출발하면 아기 새들이 1-2주 후에 따라오는데 놀랍게도 난생처음 가는 길을 알아서 와요. 인간은 기껏해야 몇 킬로미터 반경만 내다보며 살잖아요. 근데 도요새는 지구의 반이 자기 집이에요. 전지구적인 존재죠. 고래는 바다 전체가 자기 집 앞마당이에요. 몇 천 킬로미터가 떨어져 있어도 그들끼리는 소통이 되거든요."

즉 도요새나 고래를 구한다는 건 지구를 구하는 일이고, 지구를 구해야 도요새와 고래가 살 수 있다.

그런 경이로운 존재들을 살리기 위해 환경단체가 농성을 하고 종교계가 삼보일배를 하며 막아섰지만, 결국 새만금방조제는 건설되었다. 자본과 권력에 의해 생명들이 죽어가는 모습을 직면하면서 김나희를 비롯한 많은 사람들이 새만금을 떠났다. 그쪽은 아예 꼴도 보기 싫었다.

3년 전인가, 그는 아직도 새만금 싸움을 하는 사람들이 있다는 걸 알게 되었다. 방조제로 많이 감소했지만 그럼에도 살아남은 생명들을 지키는 사람들이었다. 그런데 개발주의자들이 남은 생명들까지 깡그리 없애고 공항을 만들겠다고 나섰다. 다시 생명들을 지키는 일에 뛰어들지 않을 수 없었

은퇴한 문형배 재판관에게 함께 생명들을 구하자고 편지를 보냈다며 사진을 보여주었다. 정성껏 그림을 그리고 소라모양의 씰까지 붙인 편지봉투였다. 답장을 받지 못할지라도 그는 그림을 그릴 때 행복했을 것이고 재밌는 시도였다며 즐거워할 것이다.

다. 그는 지금 '새만금 신공항 백지화 공동행동'에서 홍보국장을 맡고 있다.

"원래는 잼버리 대원들을 논스톱으로 실어 날라야 한다는 이유로 공항을 짓겠다고 했어요. 근데 잼버리는 이미 폭망했잖아요. 핑계가 사라졌는데도 기어이 짓겠대요. 경제성도 없어요. 바로 옆에 있는 군산공항도 연 60억 적자가 나고 보조금을 줘가며 겨우 하루 비행기 두 대 뜨고 내려요. 수요가 전혀 없다는 뜻이죠."

새만금은 유네스코 세계유산으로 등록된 서천갯벌 바로 옆이다. 새들이 서천갯벌과 새만금을 오가며 먹이활동을 한다. 멸종위기종만 해도 59종이나 된다. 그런 곳에 공항을 짓겠다는 것은 지구상의 생물다양성을 위해 갯벌을 보존하기로 한 유네스코와의 약속을 정부가 어기는 것이다. 순천만처럼 보존에 중점을 두면서 생태관광으로 연결하면 경제적인 측면에서도 더 나은 선택이다. 자연을 위해서나 인류를 위해서나 서로 이로운 방법이 있는데도 개발주의자들과 정치인들은 고집을 꺾을 생각이 없다. 참사가 일어날 확률이 그토록 높은데도.

"생명들을 지키고 예정된 사고를 막겠다는 활동가들을 정부는 마구잡이로 고소고발하고 있어요. 이전에도 그랬지만 윤석열 정부는 더 심하게 강경대응하고 '입틀막' 했죠. 우리는 계엄 이전에도 계엄과 같은 상황을 겪고 있었어요."

12월 3일, 그는 친구로부터 계엄이라는 카톡을 받고 누구나 그랬듯이 합성이라고 생각했다. 티브이에서 생방송을 보고서야 진짜라는 걸 알았다. 군인들이 국회를 짓밟는 장면을 보면서 당장 서울로 올라가야 하나 밤새 고민하며 불안에 떨었지만 그래도 그날의 감정은 어처구니가 없다는 쪽에 가까웠다. 며칠 후 계엄계획이 하나씩 밝혀지면서 저들에 반기를 드는 모든 사람들을 체포하고 벙커에 가두려고 했다는 사실을 알고는 아연실색했다. 진짜 무서워졌다. 어떻게든 내란은 수습되겠지만 앞으로 도대체 어떻게 살아야 할지, 어디까지 각오해야 할지 알 수 없는 상황이 되었다. 즐겁게 활동하고 싶은데 비장할 수밖에 없다는 게 못 견디게 화가 났다.

"내가 아는 게 별로 없었구나 싶더라고요. 계엄이 일어날 수도 있다는 생각은 꿈에도 해본 적이 없거든요. 보수 세력이 끈끈하고 강력한 줄은 알았지만, 지금 행해지는 뻔뻔함은 상상을 초월하잖아요. 장애인들은 더 힘들겠다는 생각도 뒤늦게 했어요. 시각장애인이나 청각장애인들은 계엄 당일에 계엄이 어떻게 흘러가는지 전혀 알지 못해서 더 불안했대요."

그런데 상상도 못한 평등과 환대의 광장이 열렸다. 더 급진적이고 더 지구적인 투쟁을 만들어가려고 애쓰는 사람들은 늘 소수에 불과하다 생각했는데, 서로 연결되는 투쟁과 연대의 장이 급격히 확산되는 걸 보면서 감격에 겨웠다.

연대하는 시민들은 민주노총이 길을 열겠다고 했을 때도 가만히 보고만 있지 않았다. 말 그대로 온몸을 던져 길을 만들어내는 걸 직접 체험하고, 그것

며칠 전 그는 삭발을 했다. 새만금신공항 건설을 강행하려는 시도에 항의하기 위해서였다. 정권이 바뀌어도 그의 일상은 돌아오지 않았다.

이 얼마나 대단한 일이었는지 트위터를 통해 사람들에게 전달했다. 그것도 아주 발랄한 문체로. 그들의 언어는 삽시간에 전달되고 증폭되었다.

"민주노총이나 전농에는 여전히 가부장적인 태도를 가진 분들이 많아요. 그런데 2030여성들은 '저기 연대했다가 나중에 마상(마음의 상처) 입는 거 아닌가.'하고 미리 따지거나 재지 않고 일단 연대하러 달려 가더라고요. 그러니까 민주노총과 전농도 변하는 거예요. 이게 바로 사랑이구나. 사랑은 조건을 달지 않고 먼저 마음을 내는 거였지, 다시 한번 깨닫게 되었어요."

사랑이라는 단어를 말할 때 그는 살짝 울컥했다. '사랑'이라는 단어의 순수성이 떠오르며 나도 따라서 콧날이 시큰해졌다. 그는 "광장은 충전기"같다고 했다. 힘들고 우울하고 앞이 안 보일 때 광장에 나온 사람들을 떠올리면 마음이 충만해져서 못할 게 없을 것만 같다.

그는 투쟁현장에서 종종 그림을 그린다. 사람들의 발걸음을 잠시라도 붙잡고 멈추게 하기 위해서다. 그림이 팔리면 관련 단체에 기부를 한다.

"뱅크시만 거리에서 그리란 법이 있나요? 거리에서 그림을 그리면 좋은 게 딴짓하지 않고 빨리 완성할 수 있어요. 못 그린 부분을 가리려고 서둘러 그리거든요."

그 외에도 그는 '평등으로'라는 광장신문을 나누고, 파면촉구를 위한 철야단식농성장을 지키고, 새만금 신공항 취소판결 탄원서를 받는다.

파면이 내려진 후에도 그의 하루는 크게 달라지지 않았다. 대통령이 바뀌고 내란세력을 몰아내도 지구가 망하면 무슨 소용인가. 살던 대로 살면 지구라는 행성에 인간의 자리는 없다. 그가 1170일째 새만금 천막농성을 하고 110차 회의를 이어가는 이유다(4월 17일 현재).

그는 스위스에서 살아본 적이 있다. 거기서 우리나라 소비 수준은 이미 최고에 이르렀다는 걸 알았다. 그럼에도 우리의 행복도는 최하위다. 이제는 성장 말고 삶의 질을 높이는 데 힘을 기울여야 할 때다.

삭발 후 그는 새만금 신공항 취소판결을 촉구하기 위해 행진을 시작했다.

"그렇게까지 경쟁이 심하지 않아도 잘 살 수 있다는 걸 보여주고 싶어요. 소비와 소유를 많이 덜어내도 전혀 없어 보이지 않고(이게 중요해요), 재밌고 행복하게 살 수 있는 다양한 삶의 형태들이 있어요."

그는 사회적기업인 의료복지협동조합에서 일한다. 주로 방문진료를 하면서 지역화폐가 통용되는 지역품앗이 '한밭레츠' 친구들과 삶을 공유한다. 밥상을 나누고 책을 읽고 마음을 돌본다. '생명들'을 보기 위해 수라갯벌 '들기'(전문가의 안내를 받으며 갯벌의 아름다움을 직접 느껴보는 활동)에 참여하고, 갯벌안내자양성에도 함께한다.

사회대개혁을 이루려면 그는 우선 선거제도를 바꿔야 한다고 강조한다.

결선투표제를 도입하고 전면적 비례대표제를 실시해서 양당제를 벗어나야 한다. 개발과 성장을 넘어선 다양한 목소리가 정치에 반영되어야 한다.

“위성정당을 만든 건 정말 잘못이에요. 그때부터 국헌문란이 시작되었다고 생각해요. 국민들에게 사죄하고 다시는 못 하게 바꿔야 해요. 생태주의나 탈성장을 비전으로 제시하는 정당이 들어설 자리를 내주어야 해요. 민주당이 이걸 받으면 결국은 국민의힘 같은 극우정당이 쪼그라들고 진짜 보수와 진보 구도가 나올 텐데...”

얼마 전 그는 ‘당신이 가진 유산이 무엇이냐?’는 질문을 받은 적이 있다고 했다. 곰곰이 생각해 보니 많은 걸 물려받은 것 같았다. 생태주의나 탈성장도 이전부터 고민해오고 싸워온 사람들로부터 전달된 것이고, 좋아하는 취향도 인류 전체의 문화적 자산으로부터 이어받은 것이니까. 이전의 덕후들이 물려준 공유재를 우리도 다음 세대에 고이 물려주어야 하지 않겠는가. 지구라는 행성까지.

# 19 광장에서 엿본 천국을 투쟁으로 함께 이루고 싶어요

슬램덩크 덕후, **묵음**

"광장은 영화 〈매트릭스〉의 빨간약과 같아요. 먹는 순간 눈에 안 보이던 농성장이 보이고, 안 들리던 구호가 들리기 시작해서 투쟁에 나설 수밖에 없어요. 이건 숙명이야, 라고 말하는 것 같아요."

묵음(만 28세, 데미걸, 산재청구인, 대전 유성구)은 기독교인이면서 퀴어다. 두 가지 정체성을 동시에 가지게 되면서 그는 양분되었고, 이를 통합하기 위해 애쓰다가 20대가 지나갔다. 자기 자신으로 존재하기 힘든 환경은 그를 묵음, 소리 나지 않는 상태로 살게 했다.

재작년에 어머니가 실직하면서 그는 다니던 대학원을 휴학하고 생활비를 벌기 위해 나섰다. 하지만 제대로 된 일자리는 어디에도 없었고, 알바지만 3년 동안 매니저급 업무총괄을 해온 경력은 아무 쓸모가 없었다. 3개월짜리 인턴직을 잠시 하고, 반년 만에 겨우 구한 직장에서 그는 사내괴롭힘을 당했다. 생활비 때문에 어쩔 수 없이 참고 지내던 중, 어느 날 아침 숨이 쉬어지지 않았다. 그는 휴직계를 내고 산재를 신청했다. 공단에서는 특별진찰 대상자에 해당되니 지정병원에서 특진을 받으라고 했다. 대기자가 많아 최소 7-8개월 기다려야 하는 병원이었다. 회사는 그를 질병퇴사가 아닌 계약만료로 처리해 버렸다. 산재임을 스스로 증명하는 것도 어려운데 이의신청부터 해야 하는 상황에 놓인 것이다.

새로 나가게 된 교회의 깃발을 흔드는 묵음

내란이 일어나던 밤에도 그는 재해경위서를 쓰느라 계엄 소식을 듣고도 별 문제의식을 느끼지 못했다. 시간이 지난 후에야 뉴스와 SNS를 통해 얼마나 무서운 일이 벌어진 것인지 깨달았다. 꼬박 한 달에 걸쳐 쓴 재해경위서가 거의 마무리되던 무렵 그는 남태령집회 라이브를 보고 있었다. 그러다 어느 순간 벌떡 일어났다. 그건 단순한 시위가 아니었다. 참을 수 없는 수준의 공권력 탄압이었다. 그는 당장 트위터에 도움을 청했다. 남태령에 가야 하니 교통비를 후원해 달라고. 친구들은 교통비와 기프티콘 등을 기꺼이 보내주며 직장 때문에 가지 못하는 자기 대신 싸우고 오라며 응원해주었다. 그는 일주일간 서울에서 친구 집을 전전하며 각종 집회에 나갔다.

"인간이 그렇게 대우받으면 안 된다는 생각뿐이었어요. 그날 남태령의 상황을 알려주신 모든 분들에게 감사할 따름이에요."

성소수자로서 그는 이전 집회에서는 자신이 받아들여지지 않는다고 느꼈다. 박근혜 탄핵 때는 노조원에게 조끼를 벗으라고 요구하거나 프라이드 플래그를 들고 간 사람들을 밀어내는 분위기도 있었다.

"나 자신을 드러내면 언제든지 쫓겨날 수 있다는 불안감이 있었어요. 근데 남태령에서는 내가 존재할 수 있는 자리가 있는 것 같았어요."

남태령에는 다양한 사람들이 있었다. 퀴어, 당원, 개인, 장년층, 응원봉, 가족 단위 등등의 사람들이 한자리에 모여 농민을 응원하고 서로를 환대하는 분위기가 형성되었다. 묵음도 자연스럽게 그 일원으로 받아들여지는 것 같았다. 누가 뭐라고 말해주지 않아도 그냥 알 수 있었다.

"그 추운 날씨에 서로서로 따뜻한 걸 나누고, 어디가 아프진 않은지 힘들진 않은지 보듬어 주고, 처음 본 생판 남인데도 환대하고 연대하는 분위기였어요. 이 안에서는 내가 누구여도 상관없이 도움을 주겠구나 하는 신뢰가 생겼어요. 신뢰가 어느 정도 쌓이면 내적으로 고양되면서 순간적으로 어떤 임계점을 넘는 것 같아요. 기독교가 추구하는 가치가

무지개 띠와 생활동반자법 띠를 123일 동안 들고 다녔다.

바로 이런 것이길 바랐어요. 구태여 용기를 내야 할 필요 없이 아무나 들어올 수 있는 자리, 그런 신뢰가 광장에서부터 시작된 게 기뻐요."

서울 집회를 다녀온 후 그는 자신이 살고 있는 지역에 대한 책임감으로 은하수네거리에 나왔다.

"웅진코웨이 노동자의 발언이 특히 기억에 남아요. 회사가 노동자들에게 동의도 구하지 않고 자사 상조회사의 상조판매원으로 등록시켰대요. 지역 사업장에서 이런 시위가 있는 줄 전혀 몰랐어요. 또 현직 교사가 디지털 교과서의 문제를 말한 것도 인상 깊었어요. 막연히 예산 낭비라고만 생각했는데 학습 면에서도 문제가 심각하더군요."

대전에서 그는 좋은 사람들을 많이 만났다. 또래뿐 아니라 교수, 목사, 민주노총 조합원들을 가까이서 볼 수 있었다. 그들이 그동안 어떻게 투쟁해 왔는지, 우리가 어디에 연대하고 어떻게 함께해야 하는지 자연스럽게 알게 되었다. 무엇보다 돈이 없는 그에게 동지들은 밥을 사주었다!

하지만 대전 집회는 지역사회라 익명성이 보장되지 않는다는 점이 아쉬웠다. 계속 평등수칙을 주지시켜도 여전히 지키지 않는 이들이 있었다. 그래도 집회 주최 측이 계속해서 노력해준 덕분에 별일 없이 광장이 이어졌다. 역시 모두가 함께할 수 있는 연대의 장은 그냥 만들어지는 게 아니라 피땀 흘려 노력해야만 가능하구나. 그는 앞으로 지역을 바꿔나가는 일에 힘을 보태기로 마음먹었다.

"광장이 일상으로 이어지게 해야죠. 그렇게 되기를 막연히 기대하거나 안 될 거라 미리 실망할 게 아니라 적극적으로 만들어가야죠. 자기 주변부터 바꿔가야 하는 건데, 부모님을 설득할 수 있을지는 잘 모르겠어요. 그동안 시위 나가면서 무지개 띠를 들고 다니는 걸 보셨을 테니까 적어도 제 존재 자체는 받아들여주지 않을까요?"

그는 최근에 교회를 옮겼다. 정확히 말하면 4-5년간 교회에 다니지 않았으니 다시 교회에 나가게 된 거다. 천천히 교회 안에서 자신의 역할을 찾을 예정이다.

"예수님도 사회의 가장 민감한 가운데에 계셨던 분이잖아요. 나도 그렇게 살아야죠. 무력했던 인생에 작은 플랜이 생겼어요."

그는 극우세력들을 적이라고 생각하는 분위기에 경각심을 갖고 있다. 아무리 싫어도 그들은 같이 살아가야 하는 동료시민이다. 적어도 우리는 어떤 집단을 향해 포기라는 단어를 쓰지는 말아야 한다. 절대 사람을 포기하지 말 것, 그것이 신앙 안에서 그의 역할일지도 모르겠다.

사회문제에도 좀 더 적극적으로 관심을 갖고 활동할 의지가 생겼다. 파면이라는 큰 고비는 넘겼지만 크고 작은 집회가 여전히 우리를 필요로 하고 있고, 투쟁하고 있는 동지들이 우리 사회와 어떻게 연결되어 있는지 알게 되었으니까. 그는 동지들과 함께 또는 혼자서라도 그곳으로 달려가려 한다.

"탄핵집회가 끝났으니 시간이 비겠다고 생각하겠지만, 저뿐 아니라 다른 동지들도 투쟁일정이 빼곡해요. 구미옵티컬, 세종호텔, 사회대개혁 토론장, 금강보 철거 등등... 우리가 필요한 곳에 가야 한다는 책임감과 배우겠다는 자세도 놓치지 않으려 해요."

그는 언론개혁과 노동개혁이 우선되어야 사회대개혁이 가능하다고 본다. 지금의 언론은 상대와 나를 갈라치기하고 분노의 칼을 서로에게 돌리게 만든다. 특히 노동개혁은 반드시 노동시간을 줄이는 동시에 기본소득을 보장하는 방식이어야 한다. 산재청구인인 그에게는 동시보장이 가장 중요한, 생존이 걸린 문제이다.

"한 사람에게 주어진 노동량이 너무 많으면 그 사람이 아프거나 일을 못 하게 될 경우 동료들은 위로가 아니라 비난을 하게 돼요. 그 일이 고스란히 동료들에게 주어지니까 피해를 준다고 느끼는 거죠. 기본소득이 같이 보장되어야 하는 이유는 시급제 노동자들의 노동시간이 줄어들면 소득도 줄어들기 때문이에요. 기본소득이 있어야 노동약자도 살아남을 수 있어요. 사람이 죽게 내버려두지 않는 게 정치잖아요."

민주당이 과연 노동개혁을 제대로 할지 그는 걱정이다. 목숨을 걸고 자신

묵음의 2차 창작물들과 태섭 인형

의 몸을 고공에 가두는 노동자들의 목소리를 외면하지 않았으면 좋겠다. 어쩌면 앞으로는 민주당과 싸워야 할지도 모른다. 그래서 대선이 끝나면 그는 작은 정당에 힘을 실어주려 한다. 그런 의미에서 비례대표제 등을 통해 다당제가 될 수 있도록 선거제도를 바꾸는 일을 반드시 해내야 한다.

그는 얼마 전 그림과 글, 타로 커미션을 열었다. 적극적으로 구직활동을 할 수 없는 처지라 덕질로 갈고닦은 실력을 생계에 써먹는 거다. 그는 〈슬램덩크〉 덕후로, 꽤 인기 있는 2차 창작자다. 벌써 9권의 책을 냈고, 지금도 써놓은 원고가 꽤 된다.

그는 어릴 때부터 어린이 판타지 시리즈를 읽으며 컸다. 판타지 속 세상을 살짝 비틀어보거나 새롭게 상상하는 데 익숙하다. 자연스럽게 글을 쓰고 그림을 그리며 2차 창작의 세계로 발을 들였다. 원하는 글이나 그림을 그리기까지는 시간이 꽤 걸렸지만 여러 가지 시도를 통해 이야기 만드는 감각이 생긴 것 같다.

**"최선을 다해 버티다 보면 인생에는 때로 놀라운 일들이 일어난다는 걸 <슬램덩크>의 송태섭을 통해 알게 되었어요. 덕후들은 살풀이하는 것처럼 자꾸 이야기를 만들어내는 것 같아요."**

그는 광장에 덕후가 많아서 더 편하게 진입할 수 있었다고 한다. 공감대 형성이 쉽기도 했지만, 덕후들은 인권감수성이 높은 편이라 서로 존중하는 태도가 몸에 배어있어 불편하지 않았다.

**"광장에서 하나님의 나라, 천국을 살짝 엿봤어요. 성경 중에 '하나님의 나라는 볼 수 있게 임하는 것이 아니요, 또 여기 있다 저기 있다고도 못하리니 하나님의 나라는 너희 안에 있느니라.'라는 구절이 있거든요. 나는 오래 살 생각이 없어요. 살아있는 동안 뭘 할 거냐 하면요, 많은 사람들에게 그 천국을 보여주고 싶어요."**

"사람이 안 죽었으면 좋겠어요."라고 말하던 그가 느닷없이 "나는 오래 살 생각이 없어요."라고 말해도 그리 놀랄 일은 아니다. 기독교, 퀴어, 슬개골 장애, 우울증, 공황장애, 여성, 노동약자, 빈민 등등… 다양한 스펙트럼에 걸쳐 고통을 감내하고 있는 그에게는 예사로운 일일 테니까.

그보다 궁금하다. 그가 엿본 천국은 어떤 모습이었는지. 용기 없이도 받아들여지는 광장처럼 존재 자체로 순순히 받아들여지는 '배제하지 않는 민주주의'가 이 땅에도 뿌리내릴 수 있을지. 오래오래 살면서 그가 엿본 천국을 이뤄갔으면 좋겠다.

2부

# 서울

## 빛의 광장에서 덕후를 만나다

# 1 광장의 전설 '불꽃남자 정대만'

## 슬램덩크 덕후, **이영걸**

광장에 모인 수많은 깃발을 보며 내가 좋아하는 깃발 아래 서있고 싶다는 소망을 덕후라면 한 번쯤 가져봤을 것이다. 원하는 깃발이 없을 때 의식의 흐름은 자연스럽게 그럼 내가 만들어 볼까?로 이어지게 되고, 어느새 그것을 주문하고 있는 나를 발견하게 된다. 이영걸(2030 여성, 직장인, 서울 마포구)이 바로 그러한 경우다. '불꽃남자 정대만' 깃발은 〈슬램덩크〉 애니메이션에 나오는 장면을 그대로 본 따 만든 것이다. (참고로 또 다른 정대만 깃발이 있는데, 원작 그림이다.)

이영걸을 만난 건 마포의 한 카페에서였다. 다가오는 그를 맞이하며 나도 모르게 그의 팔뚝으로 눈길이 갔다. 그의 깃발 스핀을 알기에 어마어마한 근육질일 거라 상상했는데, 실로 평범했다.

"그새 다 빠졌어요. 당시에는 내가 봐도 근육이 제대로 잡혀서 기분 좋았죠. 스핀을 주다 보니 손목이 좀 아프긴 했지만. 원래 힘은 좀 쓰는 편이어서 그렇게 힘들지는 않았어요."

나도 깃발을 흔들어봤는데, 가로 1미터도 안 되는 아주 작은 깃발이었음에도 다음날 몸살이 났다. 그는 원래 짧은 게 더 힘든 거라며 깃대를 축으로 삼아서 스핀을 주는 건 그렇게까지 힘들지 않다고 했다. 그러면서 한겨울에 가만히 앉아있으면 아무리 옷을 껴입어도 춥지만 깃발을 흔들면 외투를 벗어야 할 만큼 열이 난다고 했다. 힘들다는 얘기다. 대수롭지 않다

오직 정대만 카드

는 듯한 특유의 말투는 이후로도 계속 이어졌다.

그는 계엄이 일어났다는 걸 밤 12시 넘어서 알게 되었다. 처음에는 다른 나라에서 일어난 일인 줄 알았다. 다름 아닌 우리나라 국회가 군홧발에 짓밟히고 있다는 사실을 알고는 국회로 가야 하나 말아야 하나 잠시 망설였다. 마침 그는 여행 후유증으로 오한이 들어서 전기장판을 최고 온도로 틀어놓고 깜빡 잠들었다가 깬 상태였다. 그는 지금 가봤자 끝나있을 거야, 생각하고 다시 잠에 빠져들었다. 그토록 치밀하게 계엄을 준비했을 줄은 그때는 미처 몰랐다.

“갔어야 했던 거죠. 여의도도 가깝고 광화문도 가깝고 한강진도 가깝거든요.”

가까운데 안 갔다는 죄책감이 컸다. 내향형이고 '인도어(in door) 파[26]'이고 집에서 덕질하는 게 무엇보다 행복한 사람이지만, 이렇게 가까이 살면서도 가지 않았다는 사실은 두고두고 후회를 몰고 왔다.

계엄 당일에 못 간 죄책감으로 탄핵집회가 열린다는 소식에 그는 바로 달려갔다. 박근혜 탄핵 이후 처음이었다. 그는 원래 정치에 관심을 갖지 않으려고 애쓰는 편이다. 한번 관심을 가지면 기사 하나에도 일일이 출처와 작성자를 따져보고 인용된 게 있다면 원본까지 찾아봐야 직성이 풀리는 성격이라, 가급적 피하고 싶었다. 당장 해결할 수 없는 일로 스트레스받고 마음 아픈 게 싫기도 했다.

그런데 남태령에서 '초대장'이 왔다. 그는 멀리 가는 걸 극도로 싫어하고, 잘 모르는 길은 일단 거부하고 본다. 굳이 갈 생각 없이 있다가 다음날에야 급박한 상황임을 알고 부랴부랴 달려갔다. 가던 중에 한강진으로 변경되었다고 해서 그리로 갔지만. 다시 후회막급이었다. 가장 필요할 때 가지 못했다는 죄책감이 또 따라붙었다. 그는 접근성 못지않게 효율성을 중요시 여겼다. 아주 부족한 곳에 가서 큰 도움이 되거나 많이 가야 하는 곳에 가서 채우는 데 일조하거나. 만일 국회에 갔더라면, 남태령에 갔더라면 그렇게 열심히 광장에 나오지 않았을지도 모른다. 그러니까 대단한 시민의식으로 열심히 나왔다기보다는 접근성 때문이었다고 그는 다시 대수롭잖게 말했다.

"지역에서 버스 대절해서 오는 분들은 정말 대단한 거예요. 저는 그렇게 못하거든요."

그는 평생 해야 하는 일도 아닌데, 나갈 때까지는 나가자 마음먹었다. 이후 "광장은 주말약속"이 되었다.

---

26 집에 있기를 좋아하는 유형을 뜻하는 말로, 집돌이·집순이·방콕족 등으로 표현되기도 한다.

그는 하기로 했으면 "뇌를 비우고" 그냥 한다. 세종호텔이나 동덕여대 등에 연대하러 갈 때도 시간이 되면 그냥 갔다. 집회 중에도 가급적 마음을 쓰지 않고 깃발 흔드는 것에만 집중한다. 그러지 않으면 이 아까운 시간에 덕질도 못 하고 이게 뭔가, 분노가 치솟기 때문이다.

분노의 많은 지분은 국민의힘 국회의원들이다. 그는 12월 7일 국민의힘 국회의원들이 투표 자체를 거부하고 그대로 나올 때를 떠올리면 아직도 너무 '빡친다'. 가장 큰 모욕감을 느낀 순간이었다. 국민을 대놓고 무시하는 뻔뻔함을 참을 수 없었다. 그때부터 그의 목표는 국힘 해체가 되었다. 그가 바라는 건 '법의 공정함'이다. 반드시 '검수완박'을 해야 하고, 국힘과 육사를 해체해야 한다.

"국힘 해체를 아무리 외쳐도 대선이라는 커다란 이슈가 코앞에 있으니 쉽지 않겠죠. 하지만 나는 그들에게 뭔가 응징을 해주고 싶어요. 내가 할 수 있는 일이 시위와 투표밖에 없어서 안타까울 뿐이에요. 지금이 법치시대인 걸 그들은 감사히 여겨야 해요."

## 그의 '빡침'은 아직도 순도 100%다.

계엄이 있기 전, 중국 덕친이 보여준 정대만 생일 응원 영상에서 엘이디 깃발을 처음 보았다. 중국에선 흔한 것이라고 했다. 갖고는 싶었지만 딱히 쓸 일이 없어서 잊고 있었다.

12월 7일 계엄 후 첫 주말, 여의도에 사람이 얼마나 많은지 인터넷이 안 되었다. 친구들은 무슨 깃발 아래 있다는 식으로 자신의 위치를 알렸는데, 깃발 색이나 글귀로는 도저히 서로를 찾기가 어려웠다. 그때 엘이디 깃발이 떠올랐다. 남태령대첩이 있던 날, 그는 광화문에 처음 깃발을 가지고

수많은 깃발 사이에서 빛나는 '불꽃남자 정대만'
©트위터리안 영원한 기록자

나갔다.

"사람들이 그렇게 좋아해줄 줄 몰랐어요. 일주일만 지나면 다른 사람들도 엘이디로 만들 거라 생각했는데 의외로 정대만을 원하더라고요."

깃발은 모두 7개 만들었다. 시위에 가져간 건 5개다. 하나는 작아서, 또 하나는 색상이 어두워서 제외시켰다. 중국에서 4만여 원에 맞췄는데 우리나라에서 제작하려고 알아보니 60만 원을 달라는 바람에 포기했다. 사람들이 엘이디 깃발을 만들지 않은 건 비용 때문이거나 중국어의 한계 때문일 거라고 그는 짐작했다. 하지만 나는 '불꽃남자 정대만'의 고유한 상징성을 간직하고 싶었을 거라고 생각한다.

깃발은 다양한 재미와 역동성을 주어서 집회에 참여하고 싶게 만드는 효과가 있다. 하지만 같은 깃발이 계속 보이면 오는 사람만 온다는 인식을 줄 수도 있을 것 같아서 그는 깃발 없이 나갈 생각도 했다. 그런데 집회 주최 측에서 정대만을 찾았다.

"광장을 여는 주최 측에서 원하는데 안 가져갈 이유가 없잖아요. 그래도 삼일절에는 안 가져갔어요. 아무래도 일본 만화를 패러디한 깃발이라. 그때 마포대교를 넘어오는 응원봉의 물결이 정말 예뻤어요. 마포대교는 내게 굉장히 친숙한 곳인데, 일상의 풍경이 달라 보였죠. 그 순간이 가장 기억에 남아요."

그는 아직 자신의 의제가 딱히 없다고 한다. 여성이지만 성격이 무던하고 회피형이라 차별을 크게 자각하지 못한다. 서울에 살고, 뛰고 걷는 거 좋아해서 건강하고, 운 좋게 큰 어려움 없이 취업해서 회사 잘 다니고 있다. 지금껏 소수자성을 느낄만한 일이 없었다니 다행이지만, 광장에 있는 한 그도 조만간 자기 안의 소수자성을 발견하고 연루될 것이다.

"전국장애인차별철폐연대 선전전에 꼭 가볼 거예요. 스스로 너무 수치스러운 일인데, 아침에 일어나질 못해서 못 간 거예요. 엘리베이터 설치는 무리한 예산이 드는 것도 아니고 일반인도 사용할 수 있는 건데 왜 안 해주는지 이해할 수가 없어요. 그리고 동덕여대도 관심이 가요. 이유 없이 공격하니까 나는 이유 없이 편들어줄 거예요."

그는 〈슬램덩크〉 2차 창작자다. 주로 그림을 그린다. 파면선고 후에 평일 집회를 안 하니까 벌써 작품을 3개나 만들었다.

"덕후들은 가볍게 한번 가볼까, 하는 법이 없어요. 한번 하면 끝까지 하는 외골수적인 기질이 있거든요."

여태 대수롭잖게 말했지만, 정대만이 헛된 시간을 보낸 걸 후회하면서 울던 장면이 가장 기억에 남는다는 걸 보면 그의 의지가 결코 대수롭지 않을 리 없다. 더는 후회하지 않기 위해 광장을 지키고 연대하는 일은 아무나 할 수 있는 일이 아니니까.

덕후들은 끝까지 패는 데 익숙하다. 국힘 해체까지 어디 한 번 끝까지 가보즈아!

# 2 당신의 정치 판타지는 무엇입니까

## 2차 창작물 '지독한 후플푸프' 덕후, **바람**

세월호 참사 11주기 시민대회가 열리던 경복궁 앞 광장에는 그동안 탄핵 집회에 참여했을 것으로 보이는 많은 기수들이 삼삼오오 모여 있었다. 대체로 덕질 장르별로 모여있었는데, 해리포터 관련한 기수들 사이에서 바람(만 26세, 여, 백수, 서울 강남구)을 만났다. 당연히 그도 해리포터 덕후일 거라 생각했는데, 정확히 말하면 그는 해리포터 팬픽인 〈지독한 후플푸프〉의 덕후라고 했다.

"해리포터도 좋아하지만, 백인우월주의나 학교폭력에 대한 관대함 등에서 아쉬움이 있었어요. 근데 〈지독한 후플푸프〉는 그 아쉬움을 다 채우고도 남았죠."

그는 디자인을 전공했지만 사진, 성우, 제과제빵 등 다양한 방면에 관심이 많다. 이것저것 자격증을 따고 공부도 하면서 미래를 모색하는 중인데, 탄핵을 건너온 지금 그가 가장 해보고 싶은 것은 정치소설을 쓰는 거라고 한다.

"직접 움직이기에는 건강이 따라주질 않아 글로 풀고 싶어요. 정치를 너무 몰라서 아직은 구상 중이에요."

계엄이 일어난 날은 제과제빵 필기시험 이틀 전이었다. 단톡방에 '계엄 터졌대.'라는 글이 올라왔다. 계엄이라니, 전쟁이 일어난 것도 아닌데 무슨 계엄이지? 근데 왜 군대가 국회에 가? 이건 독재가 시작되는 거잖아. 제주도 출신인 그는 바로 4.3이 떠올랐다. 매년 4월 3일이면 듣던 무서운 이야

바람이 좋아하는 2차 창작물들

기들. 다른 지역에서는 4월 3일에도 4.3을 말하지 않는다는 걸 알았을 때의 어이없음. 계엄에 대한 인식은 각자 다르겠지만 세월호와 이태원, 오송 참사를 겪은 사람들은 그 무게감이 비슷할 것이다.

"그 순간 가짜뉴스가 많이 돌았어요. 핸드폰을 꺼야 한다, 지금 밖으로 나가면 큰일 난다, 말하는 것도 조심해야 한다 등등. 지금 생각하면 그때 가만히 있지 말고 더 목소리를 내야 한다던 사람들이 아니었으면 우리나라는 망했겠구나 싶어요."

그날부터 그는 불면증에 시달렸다. 당연히 시험도 망쳤다. 국회에서 군대가 빠져나가기는 했지만 내란수괴가 체포되었다거나 계엄이 종식되었다는 소식은 들려오지 않는 상황이 도저히 이해되지 않았다. 계엄에 대한 공포는 독재에 대한 분노로 바뀌고, 아직 끝나지 않았다는 불안으로 이어졌다.

"계엄이 일어난 걸 아침에 알게 된 사람은 그 공포를 잘 모른대요. 진짜 별일 없었던 걸로 여겨지나 봐요. 근데 밤새 라이브를 보면서 또는 밖으로 나가서 위기를 몸으로 느낀 사람은 완전히 달라요. 우리는 계엄을 직접 겪은 세대가 되어버린 거예요."

그는 다음날로 '나, 불면증 있는 세상에 살고 싶지 않다.'는 글귀를 담은 피켓을 들었다. 국회에서 탄핵 가결이 나온 후에야 그는 조금씩 잠을 잘 수 있었고, 다시 시험으로 돌아갈 수 있었다. 그런데 한번 불면증으로 꺾인 몸은 잘 회복되지 않았다. 게다가 시위에 나가지 않으니 정확한 소식을 알 수 없었고, 언론을 통해 나오는 뉴스는 한정적이어서 답답했다. 계속 미안한 마음이 가시지 않는 것도 힘들었다. 그때마다 어차피 오래 걸릴 일이니 나중에 바통을 이어받으면 된다고 마음을 달랬다.

그는 정치에 대한 반감이 컸다. 친척이 선거에 나가면서 공천 과정을 바로 옆에서 지켜보았는데, 정당과 정치인들의 저열함에 질려버렸다. 부모님은 그에게도 정당 가입을 강권했지만 아직 주관이 서지 않았다는 이유로 거절했다. 그런데 제주항공 참사가 일어났을 때 무정부상태에서 오히려 일이 수순대로 해결되는 걸 보면서 그는 아이러니하게도 정치의 중요성을 깨달았다. 정치가 삶에 얼마나 직결되는지 알게 된 것이다. 어쨌든 정치에 제대로 관심을 가져보기도 전에 세상은 그를 진보로 만들어버렸다.

"큰 정당부터 공천제도를 바꿔야 해요. 정말 일할 사람을 기준으로 뽑아야 하는데 인맥과 줄서기로 서로 나눠먹기를 하잖아요. 빨간 당이든 파란 당이든 한쪽으로 기울어진 지역은 인물이나 공약은 안 보고 당

깃발 아래 작은 글씨로 '어니스트, 네가 네 삶으로 보여준 정직함을 꼭 이 세상에 구현할게'라고 쓰여있다.

색깔만 보고 찍으니까요."

그는 뒤늦게 깃발을 들었다. 윤석열이 파면되고 긴장이 풀리려던 찰나, 개헌 이야기가 나오는 걸 보고 내란세력을 완전히 몰아낼 때까지는 절대 끝난 게 아니라는 생각에 면접 준비를 접고 깃발을 들고 나왔다.

깃발에는 '이제 세상은 암흑에 잠길 것이라 하여도 우리는 불을 켤 것이다.' 라는 문구를 썼다. '호그와트가 암흑에 잠길' 때 '누군가는 불을 켜'는 것처럼, 자신이 바로 그 누군가가 되겠다는 마음을 담았다. 그는 주인공 어니스트처럼 희생을 무릅쓰고 사회를 구하는 사람이 되고 싶었다.

광장은 겨울에 봤던 것보다 재밌어졌다. 스티커를 만들어서 명함 나누듯이 서로의 깃대에 붙인다든가 깃발 흔드는 걸 칼같이 동기화한다든가 모든 것이 즐겁고 가볍게 다가왔다. 결코 가볍지 않은 마음을 가볍게, 지지부진한 정치를 좀 더 즐겁게, 투쟁을 오래 이어가려고 노력하는 모습을 보면서 역시 나오길 잘했다고 생각했다.

"기회가 되면 금속노조에 연대해보고 싶어요. 민주노총은 무서운 사람들인 줄 알았는데 억울한 사람들이더라고요. 자본에 당하고 시민은 모르쇠 하는 그 힘든 세월을 어떻게 버텨왔는지 정말 대단한 거 같아요."

그는 8개 정당과 비상행동이 공동으로 주최하는 정책토론회에 참석한 적이 있다. 각 정당이 어떤 정책 비전을 가지고 어떤 방식으로 현실에 적용하려 하는지 살펴볼 좋은 기회가 되었다. 정당들은 조금씩 색깔이 달랐지만 이미 암묵적 동의가 된 사항들이 꽤 많았다. 근데 왜 바로 실천하지 않고 뭉기적거리고 있는지 이해할 수가 없었다. 점차 당원들의 정치역량이 높아지고 있으니 앞으로는 제대로 된 정당 활동이 이루어질 거라 기대하는 수밖에.

"작은 정당이 힘을 내줬으면 좋겠어요. 이번에 마음에 드는 정당을 찾았거든요. 일할 사람도 보였고요. 입법을 하는 과정에서 생긴 부끄러운 일을 스스럼없이 말하고, 개선해야 할 부분과 대안까지 제시하는 걸 보면서 진짜 우리나라를 사랑하는 사람이구나 믿음이 갔죠. 지금 국회의원들은 이제 정치를 그만두게 하고 싶어요. 계엄을 옹호하던 입으로 감히 대선에 나오다니 그게 말이 되나요?"

이 기회에 사리사욕을 위해 정치하는 인물들을 모두 척결하고 진짜 세상의 변화를 위해 정치에 뛰어든 젊은(나이가 아니라 생각이 젊은) 정치인들이

새 판을 짰으면 좋겠다. 국힘만 해체해도 반은 성공일 텐데, 왜 민주당은 좌고우면하는지 모르겠다. 물론 새 판을 짠다는 게 쉬운 일은 아니겠지만.

그는 꼭 토론해보고 싶었던 의제가 있었다. '한 명의 남자아이는 어떻게 극우화되는가?'에 대한 대응과 대책이다. 정책토론회에서 제안해보고 싶었는데 자유토론 시간이 없어져서 못내 아쉬웠다.

"여성이라고 무시하고 장애인이라고 차별하지 말고 모두가 인간으로서 존중받는 사회가 되면 절로 극우화가 줄어들지 않을까요. 이동권 보장이 뭐가 그렇게 어려워요? 엘리베이터 설치하면 우리도 쓰잖아요. 캐리어 들고 계단을 오르는 경험을 누구나 해봤을 텐데, 왜 그걸 망각하고 보장해주지 않는지 이해할 수가 없어요."

그러려면 우선 정치를 주제로 스몰토크하는 사회, 일상적으로 정치를 이야기하는 게 당연해지는 사회로 나아가야 한다고 강조한다. 차 한 잔을 두고도 기후위기를 이야기하고 대응책을 논하고 서로의 생각을 자유롭게 나눌 수 있어야 한다.

"퀴어 친구가 있어요. 그 친구가 내가 운영하는 채널에서 제발 정치 얘기 좀 하게 해달라고 호소하더라고요. 자기 삶은 정치로 이루어져 있는데 정치 얘기를 못하게 하면 무슨 말을 하라는 거냐고요. 보통 정치나 종교 얘기는 피하는 게 암묵적인 규칙이잖아요. 근데 계엄을 겪은 후, 일상에서 정치는 거부할 수 있는 요소가 아니라는 것을 깨달았어요. 이제 당신을 이해한다고 친구에게 말했죠."

보통 퀴어들은 일상을 지키기 위해서라도 정치에 관심을 가질 수밖에 없다. 차별금지법이나 생활동반자법 등 법적인 측면도 그렇지만, 크고 작은 공격을 피하기 위해서라도 정치적 상황에 민감하게 깨어있어야 한다. 이제 모든 시민이 정치에 민감해졌다. 반헌법적이고 반민주적인 사태를 겪으며 우리는 헌법의 가치를 되묻고 더 많은 민주주의를 원하게 되었다.

4개월여를 보내며 그는 이제 정치적 인간이 되었다. 하지만 앞으로 어떤 활동을 하게 될지는 소설을 써봐야 알 것 같다. 그에게 광장은 "시작점"이다. 광장의 가치를 유지하고 잊지 않는 것부터 다지려 한다.

"우리가 각자 원하는 정치를 판타지에 담아보고 싶어요. 비록 현실에서 구현되지 않더라도 다양한 상상을 해보는 거죠."

그가 묻는다. "당신의 정치판타지는 무엇입니까?"

## 3 도저히 두 사건을 겪기 전으로 돌아갈 수가 없어요

뮤지컬/차/게임/소설/문화유산 덕후, **스콘**

스콘(30세, 여, 기록학 연구자, 서울)을 처음 만난 곳은 남태령 아카이빙 심포지엄에서였다. 내 자리에 인터뷰 대상자를 찾는다는 안내문을 세워놓았더니 앞에 앉아있던 스콘이 뒤돌아 한참을 뚫어지게 들여다봤다. 그러곤 수줍게 명함을 내밀었다.

계엄이 터지자마자 그는 12.3 사태 아카이빙을 위한 모임에 참여해 집회에서 사진을 찍고 자료를 모으는 자원봉사를 시작했다. 그는 기록 연구자로서 일단은 기록을 모으는 일이 시급하다고 했다.

"우선 자료를 최대한 모아놓아야 나중에 후속 연구를 통해 다양한 판단과 분석이 이루어지거든요. 해마다 남태령 관련 학술회가 이루어지면 정말 재미있을 것 같아요. 농민문제에서 시작해서 기후위기, 이주노동자 등 매번 다른 주제로 다양하게 펼쳐갈 수 있으면 좋겠어요."

처음 남태령에서 연대 메시지가 날아왔을 때 그는 광화문에서 기록 활동을 마치고 집으로 가는 길이었다. 다음날 출근 때문에 현장에 갈 수는 없어서 몇 가지 물품을 보내고 밤새 라이브를 켜놓고 뒤척였다.

"한국인들은 비상시에 물품을 모아 연대하는 데 일가견이 있었죠. 그 옛날부터 국채보상운동이나 금 모으기, 품앗이 등등. 근데 남태령에서 시작된 연대는 정말 예상치 못한 방향으로 번져갔어요."

스콘이 좋아하는 것들과 동덕여대 슬로건

남태령은 상상에서나 가능할 줄 알았던 존중과 평화의 공간이 만들어졌다는 점에서 특별했다.

“제 친구는 박근혜 탄핵 때 여성혐오 발언이 너무 심해서 집회에 앉아 있는 게 고통스럽다고 했어요. 그걸 막을 수 없다는 게 더 힘들었고요. 이번에도 김건희 씨에 대한 혐오 발언이 나올 거라 예상했는데, 남태령에서 그런 분위기를 완전히 없애버렸죠.”

집회 초기에는 페미니스트나 소수자에 대한 비난이 없지 않았다. 그런데 남태령에 모인 이들은 그 누구에게라도 혐오 발언하는 것을 참지 않았다. 서로를 있는 그대로 받아들이기 위해 최선을 다했다. 자신의 성정체성을 당당히 말하고 다른 이들의 소수자성을 인정했다. 그들의 노력은 광장 규칙이 되었고, 이내 다른 광장으로도 퍼져나갔다.

그는 감동스러웠던 트위터 글을 북마크해두고 힘들 때마다 들여다본다. 나는 그 글이 뭔지 묻지 않았다. 내게도 그런 북마크가 몇 개 있으니까. 트위터 유저라면 그날 북마크해둔 글이 한두 개쯤 있으리라.

"차를 마시면서부터 기후위기에 대해 관심을 가졌어요. 그런데 부끄럽게도 재배하는 사람에 대해서는 고민하지 못했어요."

그는 자신이 농민에 대해 아는 게 거의 없다는 사실에 깜짝 놀랐다. 기후위기에 대한 후원을 하고 동물권 등에 관심을 가졌으면서 정작 농민에 대해서는 이렇게 모르다니. 그는 농민에 대해서도 공부해보기로 마음먹고 관련한 논문을 찾아봤다. 하지만 원하는 내용이 잘 검색되지 않았다. 아직 키워드조차 잡아내지 못한 거다. 그는 제대로 공부해서 어떻게든 응원할 방법을 찾을 생각이다.

그는 평소 뮤지컬을 보고, 맛있는 차를 마시고, 게임과 소설을 즐기고, 역사 특히 불교미술 같은 문화유산을 사랑한다. 그런데 계엄 이후로 그것들을 마음 편히 즐길 수 없는 상황이 되었다. 소설은 사놓고도 읽지 못하고, 게임은 성희롱과 사상검증을 요구하는 이들 때문에 그만두게 되었다. 무엇보다 대형산불로 수많은 절들이 전소된 것이 가슴 저리게 안타깝다. 당시 그는 비가 내리기만 간절히 기도했다.

"덕후들이 어떤 계기로 정치에 관심을 가졌는지 설문해보고 싶어요. 깃발만 보더라도 덕질 관련한 것이 많아서 누군가 이에 대한 논문을 써주면 좋겠어요."

덕후 생활 10년이 넘었다는 그는 취미공동체를 형성하고 있었고 정보를 공유하는 방법을 잘 알았기 때문에 광장을 움직일 수 있었을 거라고 예상한다. 하지만 이런 현상은 딱히 덕질만이 아니라 세대의 특성과 겹친 것 같다고 했다.

"세월호와 강남역 살인사건을 겪은 세대잖아요. 우리는 도저히 두 사건을 겪기 전으로 돌아갈 수가 없어요."

그가 대학교 1학년 때 세월호가 일어났다. 벚꽃이 피는 걸 보면서 중간고사를 치렀는데 너무 많은 생명이 벚꽃 지듯이 스러지는 걸 허망하게 지켜봐야 했다. 2년 뒤 강남역 살인사건이 일어났고, 그는 자연스럽게 페미니스트가 되었다. 그들은 윤석열 정권과 '갈라치기 이준석'의 등장으로 분노한 상태였고 언제든 뛰쳐나올 준비가 되어 있었다.

사실 지난 대선 때부터 언제 무슨 일이 터질지 알 수 없다는 불안감이 있었다. 계엄 소식을 들었을 때 예상보다 훨씬 말도 안 되는 방식이긴 했지만, 올 게 왔구나 싶었다. 밤새 단톡방이 울렸다. 어떻게 이룬 민주주의인데 이렇게 망가뜨릴 수 있냐고 친구들과 분통을 터트렸다. 그리고 각자 할 수 있는 일을 찾기로 했다.

그는 페미니스트가 되면서부터 몇 가지 실천 원칙을 세워두었다. 시민단체와 SNS 등에서 자세한 정보를 찾아보고, 비상대책회의를 팔로우해서 새로운 소식을 놓치지 않고, 후원금을 보내는 것. 일을 하면서부터는 시민단체의 후원을 더 열심히(많이 늘리는 건 한계가 있으니까 열심히 모아서) 늘리고, 현장에 가지 못하더라도 라이브를 꼭 챙겨본다.

"우리가 원하는 사회로 한발짝이라도 가려면 노동조합에 대한 부정적 인식이 바뀌는 게 중요해요. 노동계를 인정해야 긴 노동시간, 노동환경, 하청노동자 문제 등이 하나씩 풀려갈 수 있거든요."

이번 광장을 통해 민주노총을 친근하게 인식하게 된 건 그나마 다행이다. 더불어 장애인 이동권과 차별금지법, 디지털 성폭력 문제를 반드시 해결해야 다양성이 포용되는 세상으로 나아갈 수 있다. 그는 화교나 중국교포

광장에 나가면 기록하느라 바빠 응원봉이나 깃발은 엄두도 낼 수 없다. 친구의 응원봉을 잠시 빌려들고 인증샷을 찍은 적이 있다.

'다시 만날 세계를 쟁취했다' 현수막과 함께 있던 '응원봉과 함께 한 모든 날이 좋았다'

들에 대한 안전도 놓치지 말아야 한다고 강조했다. 중국혐오가 심해져서 언제 테러가 일어날지 모르는 상황인데, 이들을 지켜내지 않으면 혐오라는 현상이 우리 사회에 더욱더 번져갈 게 분명하다.

또한, 그는 어린이와 청소년에 대해서도 심각한 우려를 표했다. 게임이나 인터넷을 통해 알게 모르게 파고든 혐오는 이미 심각한 수준이다. 근본적이고 원론적인 해결책은 대형 플랫폼이 자정할 수 있는 법령을 만드는 거지만, 법이 만들어질 때까지 가만히 두 손 놓고 있을 수는 없다. 우리가 더 열심히 문제를 가시화하고, 아이들과 대화하고 보호하는 일에 적극 나서야 한다. 무엇보다 우리가 소모되고 지치지 말아야 한다. 각자 잘 먹고 잘 놀고 건강한 일상을 영위하는 게 중요하다.

"윤석열이 탄핵된다고 사회가 마법처럼 좋아지지 않잖아요. 장기전에 대비해서 스스로를 챙기고 보듬어야죠. 그래서 친구와 서로 안부를 챙기기로 했어요."

계엄 사태가 길어지면서 스콘은 몸으로 이상 증상이 나타났다. 피부에 염증이 생기더니 낫지 않았다. 불안감과 압박감으로 숨쉬기가 힘든 날도 있었다. 2차 남태령 라이브를 보던 날도 그랬다. 한창 라이브를 보다가 산불 소식을 듣고 꺼멓게 타버린 사진을 보니 발밑이 무너지는 것 같았다.

파면 선고가 난 뒤에는 과로한 것처럼 온몸이 아팠다. 잠이 쏟아지고 아무것도 할 수가 없었다. 주변 친구들도 아픈 걸 보면 다들 긴장이 풀리면서 피로가 몰려왔던 것 같다. 다행히 건강이 회복되면서 피부도 낫고 다음 단계로 나아갈 수 있는 상태가 되었다.

그는 서점에 가서 그동안 사고 싶었던 책을 샀다. 그는 특별한 날, 무언가를 해낸 날에 기념으로 책을 산다. 이번에도 그는 기념품을 갖기로 하고 노동 관련 책, 숲에 관한 책, 여성 관련 책 등을 분야별로 샀다. 그 주말에는 집회에 갔다가 '다시 만날 세계를 쟁취했다'는 현수막을 보고 조금 울었다. 며칠 뒤, 친구들과 미뤄두었던 여행을 가서 한옥을 실컷 봤다.

"하루종일 뉴스 안 보고, 좋은 차 마시고, 내일은 뭐 할까 기쁘게 이야기하는 시간을 가졌어요."

요즘 그는 다시 부채감과 불안감으로 초조하다. 아직 내란청산을 못 했는데 언론의 관심은 대선으로만 향하고 있다. 노동자와 장애인은 다시 끌려가는데 광장에는 사람들이 눈에 띄게 줄어들었다. 이번에도 대선은 광장의 목소리를 제대로 반영하지 못하는 것 같아 걱정스럽다. 그럴 때마다 그는 후원을 늘린다. 제주 4.3과 4.16 세월호, 4.19 혁명을 애도하고, 4.20 장애인차별철폐의 날을 응원하며 소액이라도 꼼꼼히 챙긴다. 왜 그렇게 후원에 진심이냐고 물었더니 그가 말했다.

"후원하는 것으로라도 앞서 나가는 사람들에게 당신들 뒤에 사람이 있다는 사실을 전하고 싶어요. 우리는 원하든 원치 않든 연결되어 있잖아요. 강남역 살인사건을 계기로 우리 사회가 모두 연결되어 있다는 걸 느꼈거든요. 그 뒤에 코로나를 겪으면서 누군가의 일상이 망가지면 같이 망가진다는 걸 누구나 알게 되었죠."

앞으로는 대통령기록물 제도에 관한 문제에 관심을 가지게 될 것 같다. 학회 내에서도 이번 기회에 기록에 관한 제도를 개선해야 한다는 의견이 나오고 있어 관련 의제를 따라가려고 애쓰는 중이다. 다행히 이번 집회 관련한 기록 생산 작업은 얼추 마무리되었고 후속 작업만 남았다.

"5월 연휴에는 진짜로 푹 쉴 거예요. 제발 그때까지는 새로운 이슈가 안 생겼으면 좋겠어요."

전 국민이 과로사할 지경이다. 연휴까지라도 좀 별일 없이 살자.

덧. 연휴가 시작되기도 전에 대법원이 3차 내란(이재명 후보 공직선거법 사건 파기환송)을 일으켰다. 국민을 우습게 보는 자들을 응징하기 위한 집회가 다시 시작되었다. 내란세력을 단죄하기 전에는 과로사도 사치다.

# 4 동지들이 있는 곳에 있을 때, 내가 나라고 느껴져요

페퍼톤스 덕후, **밴드휀걸**

밴드 음악이 나오면 신나게 깃발을 흔드는 이가 있다. 동지들은 "밴드휀걸 신났네."하며 웃는다. 밴드휀걸(만24세, 여, 대학생, 경기 화성시)은 그들을 웃게 하기 위해서라도 몸을 더 흔든다.

"이때 아니면 우리가 언제 서울 한복판에서 노래하고 깃발을 흔들겠어요. 마치 락페처럼 즐기는 거죠."

하지만 불의로 가득한 세상, 고함이라도 질러야 답답함이 해소된다는 거지 진짜 신난 건 결코 아니다.

대표적인 공대생 밴드 '페퍼톤스'를 따라 그는 화학공학과를 선택했다. 페퍼톤스가 공대에 대한 심리적 장벽은 낮춰주었지만 학점의 장벽은 해결해 줄 수 없어 계속 졸업을 유예 중이다.

그는 꼭 대학원에 가고 싶어서 열심히 공부하고 있는데, 계엄이 터져버렸다. 개인이 애써 일구는 일상을 국가라는 이름으로 툭, 엎을 수 있다는 사실이 허망하기 짝이 없다. 그날 그는 기말고사 공부를 하다가 11시가 넘어 도서관에서 나왔다. 버스를 기다리던 중, 트위터에서 계엄 소식을 보고 놀라 버스를 놓치고 말았다. 다행히 막차를 타고 집에 올 수는 있었지만 버스 정류장에서 느낀 공포와 분노가 생생하다.

페퍼톤스 슬로건의 색상에 맞춰 깃발을 파란색으로 만들었다고 한다.

당시 그는 택배분류 알바를 하고 있었다. 7시까지 출근하려면 6시에는 일어나야 하는데, 잠을 잘 수가 없었다. 당장 국회로 가야 하나 말아야 하나 고민했다. 무단결근을 하면 바로 잘릴 테고 먹고살 일이 막막한데도 내일의 해고가 눈앞의 불안을 이기지는 못했다. 그는 트위터를 보고 또 보았다. 누구라도 이야기 나눌 사람이 있었다면 조금 나았을까.

"국회 라이브를 계속 보는데 행여 총소리가 울리면, 누군가가 죽으면 그 장면을 보고 내가 제정신으로 살 수 있을까 너무 무서웠어요. 근데 안 보는 게 더 무서워서 계속 봐야만 했죠. 제발, 제발 하면서."

그는 수많은 알바를 전전하며 하도 부당한 대우를 많이 받은 탓에 정치에 관심이 많다. 글쓰기 과제로 '주 120시간 망언과 포괄임금제'에 대해 썼을 정도다.

"큰 거 바라지도 않아요. 주휴수당이나 제대로 챙겨주면 좋겠어요. 500원 더 줘놓고 최저보다 더 챙겨줬는데 주휴수당도 줘야 되냐고 하더라니까요. 정말 너무 야박하죠."

그는 '밴드휀걸' 이전에 오랜 2D덕후로서 〈룬의 아이들〉 등 정치투쟁에 관한 판타지소설을 계속 접해왔다. 덕분에 혁명이나 투쟁 같은 말들이 낯설지 않다. 그래도 집회는 처음이다. 그의 부모는 80년대 운동권 출신인데 딸이 정치를 너무 외면한다고 타박했었다.

"세월호와 이태원을 겪은 세대인데 어떻게 정치를 외면하겠어요. 세월호 때는 중학생이었는데도 구조자 명단을 계속 실어나르는 계정을 하루 종일 클릭했었어요. 한 명이라도 더 늘어나는 걸 보고 싶어서. 이태원 사건은 또래들이고 더구나 같은 학교 학생도 있었으니까 아주 가까이에서 느꼈죠. 세월호가 재현되는 거 같아서 너무 괴로웠어요."

탄핵정국이 길어질 것을 예상하고 그는 2주에 한 번씩만 집회에 나가기로 했다. 알바 때문에 매주 참석하는 건 무리였다. 근데 남태령 1차 때 안 갔다가 크게 후회했다. 한강진 때도 안 나가는 주였는데, 민주노총이 함께한다는 소식을 듣고 에라 모르겠다, 하고 뛰쳐나왔다. 종일 자리를 지키고 집으로 오는 길에 육교 위에서 깃발과 응원봉의 물결을 보았다. 광화문에서 넘어오는 사람들이었다. 한마디로 장관이었다.

"진짜 교대하는 느낌이었어요. 앞서거니 뒤서거니 서로의 자리를 채워주는 걸 보고서 매일 못 가도 죄책감 가질 필요 없구나 생각했어요."

말은 그렇게 했지만 그는 하루 밖에 못 갔고요, 늦게 갔고요 하는 식으로 얘기했다. 왜 그러냐고 물으니 그는 "올출은 아니니까요."라고 했다. 더 하

익명의 동지가 빛을 절묘하게 담아 찍어주었다.

경복궁 앞에서 ©최해나

고 싶은데 하지 못하는 아쉬움이 큰 것 같았다.

올출이 아니라고 했지만 그는 연대집회 이야기만 한 시간 넘게 했다. 탄핵광장이 벌써 5개월을 훌쩍 넘겼으니 그간 얼마나 많은 일들이 있었겠는가. 힘든 일도 많았을 텐데, 그는 말하는 내내 행복한 웃음을 멈추지 못했다.

어릴 때부터 항해소설을 좋아했던 그는 배를 만들고 싶어 거통고에서 하는 '무지개 조선소'에 참여했다. 잼투[27]를 위해 '연대투쟁호'를 만드는 프로젝트였다. 이번에도 알바 때문에 배는 못 만들고 배 안에 넣는 공을 만들었다. 공에는 우리 사회에서 철폐해야 할 것들을 적어 넣었는데, 그는 "5인 미만 사업장에도 근로기준법을 적용해야 한다."는 내용을 적었다. 그가 일한 사업장들은 대체로 근로기준법을 무시했었다.

27 '재미있는 투쟁'을 줄인말. 광장에서 뜨개질을 하거나 플루트와 아코디언을 부는 등 잼투를 위한 다양한 시도가 있었다.

"동지들과 함께하는 시간이 즐거웠어요. 단순 작업이라 쉬는 시간도 없이 일했더니, 서로 근로감독관이 되어서 강제 휴식을 시키라고 해서 다 같이 웃었죠. 우리는 왜 자율적으로 쉬지 않고 일하는가 묻고, 곁에 있는 사람들이 좋아서 라고 답하던 순간들이 기억에 남아요."

진수식을 할 때는 배를 이끌고 행진하면서 모든 투쟁 현장에 연대했다. 안국 역에서 광화문으로 가는 길에는 크고 작은 집회와 선전전이 있었는데, 다 같이 그들의 구호를 함께 외치고 서로를 환대해 주었다. 연대가 얼마나 즐거운 일인지 깨닫게 된 잊지 못할 순간이었다.

한번은 행진하던 중에 지혜복 선생님과 이학수 조합원의 영장이 나왔다는 소식을 들었다. 그는 친구들과 함께 시민들을 향해 성북경찰서 앞으로 와 달라고 목이 터져라 호소했다. 행진이 끝난 후 성북경찰서에 갔을 때, 꽤 많은 사람들이 와있었다. 다행이다 생각하고 집회를 하다가 잠시 후 돌아보니 뒤에도 사람들이 가득차 있었다. 그날의 감격은 그를 이전과는 다른 인간으로 만들었다. 연대시민이라는 정체성이 생성된 것이다.

"학폭피해 당사자였던 사람으로서 연대하지 않을 수가 없어요. 학폭 피해자라면 누구나 원하던 교사가 바로 지혜복 선생님이거든요. 그런 분이 학교로 돌아가지 못하면 이 나라 교육은 미래가 없는 거예요. 이미 많이 썩었지만. 가면 항상 안아주시는데 자주 못 가서 미안할 따름이죠."

거통고지회장 김형수 동지가 고공농성에 들어간 날, 그는 또 한 번 연대시민으로서 거듭났다. 트위터에서 소식을 보자마자 택시를 타고 달려갔더니 아직 시민들은 거의 없었고, 경찰이 조합원들을 업무집행방해로 체포하려 들었다. 그는 김형수 동지를 지키기 위해 최대한 일반시민처럼 행동했다.

탄핵 후 페퍼톤스 공연에 가서 깃발을 펼쳐 들었다. 투쟁하던 자신과 휀걸인 자신이 진정으로 연결되는 느낌이라고 했다. 한마디로 말해달라고 하니 "너무 행복해!"를 외쳤다.

실제로 일반시민이긴 하지만 더 일반시민처럼 보여야 한다는 게 참으로 서글펐다. 사실 이미 경찰은 연대투쟁을 하는 말벌동지[28]들을 예의주시하고 있고, 일반시민과 말벌동지 사이에는 틈이 생기고 있었다. 요즘 말벌동지들은 '어떻게 하면 일반시민과 말벌시민이 분리되지 않을까?'에 대한 이야기를 많이 한다. 더 나아가 어떻게 연대하게 되었으며, 어떻게 하면 다른 사람들도 연대하게 할까, 앞으로 계속 연대하기 위해서 우리는 무엇을 할 것인가 등을 고민한다.

28 말벌이 나타나자 꿀벌을 지키기 위해 황급히 뛰어가는 양봉업자의 모습에서 유래된 말로, 어떤 상황이 생겼을 때 급하게 달려가는 이들을 '말벌아저씨'라 일컫게 되었다. 이번 광장에서는 투쟁 현장에 연대하러 달려가는 시민들을 '말벌동지'라 부른다.

얼마 전 울산 이수기업 문화제에 참석했을 때는 충격적인 일을 겪었다. 갑자기 구사대가 몰려와 머리를 잡아당기고 밀치고 깔아뭉개서 사람들이 많이 다친 것이다. 손가락이 부러지고 다리에 피가 난 사람도 있었다. 그도 팔을 낚아채이는 바람에 빨갛게 부었지만 다른 사람들에 비해서는 경미한 편이었다. 뒤늦게 나선 경찰은 구사대가 아니라 시민들에게 해산을 명령했다.

"뒤쪽에 흰색 유니폼을 입고 있는 사람들이 있었어요. 경찰이 기수들에게 대오 안쪽으로 가라고 해서 몇몇은 안쪽으로 들어갔는데, 공간이 생기자마자 흰색 옷을 입은 구사대가 밀고 들어온 거예요. 2025년에 구사대라뇨. 울산 경찰은 구사대에게 시민을 넘기더군요. 기가 막히는 일이죠."

나는 무섭지 않았냐고 집요하게 물었다. 무서운데도 가는 건 같은 노동자로서 동질감 때문인지 동지에 대한 미안함 때문인지도 물었다. 그는 너무 놀랍고 무섭지만, 시민이 한 명이라도 더 있어야 경찰이 함부로 하지 않는다는 걸 안 이상 연대하지 않을 수가 없다고 했다. 모든 현장, 모든 시간에 갈 수는 없지만, 시간과 체력이 되는 한 달려가고 싶단다. 우리가 사랑하는 것들이 무너지는 것을 가만히 두고 볼 수는 없으므로.

"연대투쟁은 숨 쉬고 밥 먹는 것처럼 그냥 해야 하는 일이 되었어요. 동지들이 있는 곳에 있을 때 내가 나라고 느껴져요. 연대하는 말벌시민이라는 자아가 생긴 거죠. 이미 그런 사람이 되어버렸기 때문에 연대를 하지 않는 것보다 연대를 하는 게 제겐 더 자연스러운 행동양식이에요."

연대하는 자아가 생긴 만큼 학교에서 느끼는 괴리감이 크다. 학교 속 커뮤니티는 여전히 정치 이야기를 꺼린다. 너무 정치적인 시대를 살아서 정치적이고 싶지 않은 심리적 저항감이 아닌가 싶다. 그가 열심히 광장에 나가는 걸 다들 알고 응원하는 친구들도 있지만, 공적으로는 발화할 수가 없다. 때로 그런 무관심을 조장하는 분위기가 견디기 힘들다. 그래도 그는 기어이 자신의 역할을 마련해냈다.

"친구들이 집회에 가고 싶을 때는 제게 물어봐요. 이슈에 따라 언제 어디로 가면 된다고 알려주죠. 중간 매개라도 할 수 있어서 다행이에요. 못 가서 미안하다는 친구에게는 '괜찮아, 후원해. 카카오뱅크 심규협'이라고 말하면 흔쾌히 마음을 보태줘요. 그러니까 연대는 느슨하고 유연해야 해요. 우리는 이미 우리의 최선을 다하고 있으니까요."

그들은 무관심한 게 아니라 여력이 없는 사람들일지도 모른다. 그도 곧 풀타임 알바를 시작해야 하는데, 주 1회라도 시간을 낼 수 있을지 알 수 없다. 정 안되면 후원을 할 거다.

그는 최근에 새로운 목표가 생겼다. 노동자가 안전한 환경을 기술적으로 만들어내고 싶다.

"아리셀 화재를 보니까 불이 나기 쉬운 재료들이었어요. 완제품은 안전하지만 재료들은 안전하지 않은 경우가 많아요. 노동자들이 일하는 환경이 안전하지 않은 거죠. 대학원에 꼭 가서 노동자가 안전한 기술을 개발하고 싶어요. 꼭 대학원노조에 가입할 거예요."

공부는 이런 사람이 해야 한다. 고작 '훌륭한 꼭두각시'가 되려는 이들 말고, 세상에 도움이 되고 싶은 마음이 간절한 이들이야말로 진짜 공부, 진짜 학문, 진짜 기술을 배울 기회가 주어져야 한다. 그가 꼭 대학원에 진학해서 대학원노조에 가입할 수 있으리라 믿어 의심치 않는다.

# 5 망설임은 이제 그만, 투쟁도 덕질처럼 꾸준히 할 거예요

방구석탐조 덕후, **황미냥**

"내가 제일 잘하는 게 꾸준히 하는 거예요. 생물 관찰을 5살 때부터 좋아했거든요. 생태연구라는 직업으로도 모자라 방구석 탐조인이 되었고요, 어릴 때 좋아하던 유희왕 카드를 아직도 좋아해요. 그 외에 다양한 덕질을 문어발식으로 넓혀왔어요. 여기에 정치가 추가된 거예요."

황미냥(만 29세, 여성, 생태계 조사원, 경기도 성남시)은 환경영향평가 일을 한다. 자연환경을 개발하기 전 그 개발이 주변 생태계에 어떤 영향을 주는지 조사하는 일이다. 전국으로 출장을 다니면서 발견한 뱀 비늘, 노루 뿔, 새 깃털, 산양이나 토끼 똥 등을 모으고, 직박구리, 원앙, 다람쥐 등을 찍은 사진과 영상을 들여다보는 방구석 탐조를 삶의 낙으로 삼는다. 그 외에도 애니메이션과 게임, 자캐 만들기 등을 덕질하기도 한다. 인생에는 '파야하는' 장르가 무궁무진함을 일찍 깨달은 그는 투쟁도 그중 하나로 받아들이고 덕질하던 에너지를 그대로 쏟아붓는다.

"부모님 말씀이 내가 벌써 탄핵 3회 차래요. 노무현대통령 탄핵반대 집회 때에도 부모님 손잡고 갔으니까요."

그는 어릴 때부터 부모님과 집회에 다녔다. 기억나는 최초의 장면은 광우병소고기 집회. 물대포와 차벽이 세워져 있던 모습이 생생하다. 한번은 아

방구석탐조인연합 깃발에 '보령이'가 그려있다. 누리꾼들은 지역명을 따 '보령이', '태안이'라고 불렀다.

버지가 해산한 후에도 골목을 막고 있던 전경들을 향해서 "애들 내일 학교 가야 하는데 막고 있는 게 말이 되냐?"라고 소리를 질러서 겨우 길을 텄다. 평소와 다른 아버지 모습을 보고 일부러 저러시는구나, 어렴풋이 알았다. 박근혜 탄핵 때와 검찰개혁 집회 때에도 가족들과 나갔다.

부모님은 시민단체 활동과 시민교육 일을 한다. 밥상머리교육처럼 수시로 정치 사회 문화 이야기를 들려주었고, 같이 토론했다. 어느 날, 동생이 유튜브로 배운 혐오 발언을 내뱉은 적이 있다. 놀란 어머니는 동생에게 달라붙어서 몇 개월에 걸쳐 문제를 해결해 나갔다. 먼저 동생의 이야기를 들어주고 관련한 내용을 토론하는 식으로 하나하나 "긁어서 떼어냈다." 아직 어려서 가능했던 것 같다.

뉴스를 보던 부모님이 "미쳤나 봐. 80년대 이전으로 되돌리려고 작정했어."하고 소리쳐서  계엄이 일어난 걸 알았다. 다 같이 거실에 모여 뉴스를 보다가 지금이라도 가봐야겠다고 그가 일어서자 부모님이 말렸다. 계엄이 시민을 어떻게 잡아가는지 겪어온 부모님은 "앉아라, 이런 일은 한 번에 해결되는 게 아니고 일상을 살면서 타개해야 하는 거다."라고 말씀하셨다. 전적으로 부모님을 신뢰한 그는 그 말씀을 들었다. 지금은 그때 갔어야 했다고 후회한다.

계엄 다음날, 집회가 있다는 것은 알았지만 막연한 두려움에 망설이다 그는 나가지 못했다. 그동안 수없이 많은 집회에 갔지만 부모님과 함께였고 주로 대규모 집회여서 크게 위험하지 않았다. 하지만 이번에는 달랐다. 어쩌면 끌려갈 수도 있는 엄중한 상황이었다. 근데 아버지 혼자 집회에 가셨다는 말을 듣고 갑자기 경쟁의식 같은 게 생겼다. 그다음 날부터 그는 매일 집회에 나갔다. 점차 온전히 자신의 의지와 부채감으로 참여할 수 있게 되었다.

"부모님은 열혈 운동권이어서 온갖 고비를 넘기셨대요. 경찰을 피해 기차에서 뛰어내려 도망간 이야기, 학교가 봉쇄되자 한밤중에 산을 넘은 이야기, 각목 들고 싸우는 전투조 이야기 등등을 들으면서 컸어요. 나도 대학에 가면 그렇게 용감히 싸울 기회가 있겠다고 기대했을 정도예요. 대학에는 체제와 싸우는 사람들, 적어도 학문을 하는 사람들이 있을 줄 알았죠. 근데 우리 세대는 전혀 그렇지 못했잖아요."

그는 "지금이 뛰어나갈 때"라고 생각했다. 부모님 세대가 지켜온 민주주의를 지켜야겠다, 적어도 퇴보시켜서는 안 된다고 다짐했다. 그러니까 투쟁 본능은 부모님이 물려준 유산이다.

광화문 집회가 끝나고 집에 오는 길에 남태령 소식을 듣게 된 그는 우선 라이브로 상황을 지켜봤다. 새벽 무렵 도저히 안 되겠다 싶어 집을 나서려는데 이번에도 부모님이 말렸다. 지금은 너무 늦었으니 아침에 가라고. 역시 그때 나왔어야 했다. 이제 부모님보다 자신의 판단을 믿을 때가 온 거다.

황미냥이 노루 뿔을 들어 보이고 있다. 왼쪽부터 시계 방향으로 뱀 비늘, 팔색조 깃털, 꿩 깃털, 쇠딱따구리 깃털, 호랑지빠귀 깃털 등이 있다. 통에 든 건 산양 똥이다.

©블로거 두리링

아침에 집을 나서려니 너무 피곤했다. 지금이라도 가는 게 맞을까, 애써 갔는데 금세 끝나면 어쩌지, 그래도 가야겠지… 그는 또 망설였다. 가는 도중에도 내내 망설임이 따라붙었다. 겨우 마음을 추스르고 남태령에 도착하고 보니, 밤새 광장을 지킨 사람들뿐 아니라 지하철역 출구에 붙어있는 '차 빼라' 그림 하나까지도 반가웠다. 무대도 작고 소리도 잘 들리지 않았지만 나오길 잘했다, 스스로 뿌듯해했다.

"남태령은 연대를 어떻게 해야 하는지 알게 해 준 집회예요. 연대라는 게 그냥 가면 되는 거더라고요. 힘들다고 하면 들어주고 편들어주고 가주면 되는, 별거 아닌 거라는 사실을 깨달았어요. 내 삶에서 멀다고 생각한 농민의 승리가 우리의 승리가 되는 놀라운 순간이었죠."

그 뒤로 거통고 승리문화제, 동덕여대, 전장연 시위 등 연대가 필요한 곳을 찾아 부지런히 다녔다. 방구석을 좋아하는 내향인답게 그는 주로 뒤에서 가만히 발언을 들었다. 그는 집회에서 발언에 집중하는 편이다. 현장이 아니고서는 들을 수 없는 소중한 의제들을 다양하게 접할 수 있기 때문이다.

대구에 출장 갔을 때는 대구 집회에 참석했다. 사람이 많지는 않았지만 보수의 성지라는 그곳에도 자신의 터전을 변화시키려고 애쓰는 사람들이 있었다. 그는 'TK의 딸들'을 향해 소리 없는 응원을 보냈다.

그는 깃발을 늦게 들었다. '방구석 탐조인 연합.' 깃발을 들어도 될까, 민폐가 되지는 않을까 계속 망설이기만 하다가 3월이 되자 더 이상 기회가 없을 것 같아 서둘러 만들었다. 한두 번 들겠지, 이번 주면 끝나겠지 했는데 한 달 넘게 흔들었고, 파면 후에도 아직 깃발을 놓을 수가 없다.

작년 여름 보령로터리 CCTV에서 새호리기가 관찰된 적이 있었다. 그때 '방구석에서 편하게 탐조하세요'라는 밈이 생겼다. 방구석도 좋아하고 탐조도 좋아하는 그에게 딱 어울리는 표현이라고 생각했다.

**"생명 그 자체, 또는 그들이 살아가는 방식을 볼 때 정말 사랑스러워요. 죽어도 좋아, 정도의 충만함을 느껴요."**

그는 환경과 노동이라는 두 가지 의제에 주목한다. 환경영향평가는 기본적으로 환경을 보호하기 위한 제도지만 의뢰인이 시공사이기 때문에 그들이 원하는 결과를 내줄 수밖에 없는 구조적 문제가 있다. 제대로 된 환경영향평가가 되려면 규제와 보호에 대한 시스템을 조정하지 않으면 안 된다.

또한, 공사를 진행하는 노동자들의 혹독한 환경이 개선되어야 한다. 우리나라는 업무량이 많고 노동시간이 길어서 결국 사람을 갈아 넣는 방식으로 성장해 왔다. 현장에서는 아직도 목숨을 비용으로 따지며 매일 사람이 다치고 죽어간다. 이제는 같이 사는 세상, 내 이웃이 죽지 않는 세상으로 나아갔으면 좋겠다.

"우리는 이미 최정상이잖아요. 더 이상 성장이 아니라 그동안 쌓인 피와 고름, 잔해와 상처를 돌보기 위해 잠시 멈출 때가 된 것 같아요."

생물과 인간이 공존하는 환경을 만들기 위해 성장을 멈추려면 지금까지 살아온 삶의 방식을 다 바꿔야 할 텐데 그것이 가능하겠냐고 나는 물었다. 그는 어차피 한 번에 멈추지는 않을 테니까 멈추자는 말을 끊임없이 반복하는 게 중요하다고 했다.

"코로나 때 사람들이 멈추면서 바닷가에 거북이가 돌아오고, 사람이 주는 먹이를 받아먹던 사슴이 먹이를 찾으러 야생으로 나오고 했잖아요. 나는 그런 공존의 시대로 나아갔으면 해요. 그러려면 공존의 주체인 인간이 먼저 살 만해야 해요. 죽지 않는 안전한 노동환경에서 일해야 내가 사랑하는 생물들과 공존할 여유가 생겨요."

언론과 자본 세력들은 계속해서 성장을 부추기고 우리의 눈을 가리려 하겠지만, 다행히 이번 계엄을 지나오면서 시민들은 주어진 정보 너머를 볼 수 있는 힘이 생겼다. 뉴스 하나도 그냥 넘어가지 않고 무슨 의도가 숨어 있는지 분석하고 평가하고 대안을 모색한다. 이게 계몽이라면 계몽이다.

"이번 마트노조 농성만 해도 어쩌다가 마트노조가 농성을 하게 되었는지, 어떤 목소리를 내고 있는지를 알려고 귀 기울이게 되었죠. 그들의 노동현실을 알게 되면 연대하지 않을 수 없게 되고요. 결국 투쟁이 일상이 되어버렸어요."

그는 이제 별로 망설이지 않고, 자신이 필요한 곳이라면 언제든지 달려갈 수 있는 사람이 되었다. 사실 대학원 노조에도 가입해놓고 가도 되나 생각만 했는데, 앞으로는 제대로 참석하기로 했다. 이 또한 계몽이라면 계몽이다.

"부모님이 꽤 진보적인 줄 알았는데, 아닌가 봐요. 내가 슬쩍 커밍아웃을 했는데 좀 놀라셨던 것 같아요. 친척의 성소수자 커플을 일부러 만나보셨더라고요. 직접 보고 나니까 어떻게 대해야 할지 알 것 같다고 하셨어요."

그 정도면 굉장히 진보적인 분들인 게 맞다. 성소수자가 이웃으로 같이 산다는 것, 가시화된다는 건 이토록 큰 힘을 발휘한다.

"성소수자 문제가 가득 차올라서 세상에 나올 때가 되었다."던 그의 말처럼 이번 광장을 통해 우리는 그들을 이웃으로 맞이할 준비가 되었으니, 사회적 합의 운운은 이제 그만 집어치워라.

윤석열이 파면된 이후에 그는 다시 덕질을 시작했다. 조만간 카메라를 사서 탐조하는 즐거움을 본격적으로 누릴 작정이다. 투쟁 일정도 빼곡하다. 지난주에는 전장연 고공농성장인 혜화동 성당에 다녀왔고 이번 주에는 학비연대 저녁문화제와 노동절 행사 등에 참석할 예정이다.

"광장은 내게 희망이에요. 광장에서 희망적인 미래의 편린을 봤거든요. 보고 나니까 멈출 수가 없어요. 그 끝도 봐야겠어요. 덕질도 열심히, 투쟁도 열심히 할 거예요."

그는 인터뷰가 끝난 후에도 한참 동안 핸드폰 속에 담긴 맹꽁이, 곤줄박이, 뱀 등을 내게 보여주며 웃음 지었다. 그의 웃음은 별 관심 없던 나에게도 조금 전염되었다. 직접 만지는 게 아니라면, 방구석 탐조라면 꽤 구미가 당긴다.

# 6 소수자의 목소리가 들리는 정치가 이루어질 때

## 판타지웹소설 덕후, **린덴비연**

“8세계 서울에서 9세계 룬데인에게, 우리는 성공했어. 너희도 성공할 수 있을 거야.”

윤석열이 파면된 후 마무리집회에서 린덴비연(만 20세, 여성, 학생, 서울 강남)은 롤링페이퍼에 이렇게 썼다.

그가 좋아하는 웹소설 〈문과라도 안 죄송한 이세계로 감〉은 8세계 서울에 살던 편집자 김정진이 9세계에 사는 클레이오의 몸에 빙의해서 수도 룬데인을 구하기 위해 숱한 역경을 겪는 이야기다. 그중에는 폐허가 된 서울도 나온다. 8세계를 살아가는 우리가 먼저 대한민국을 살려야 미래에 클레이오가 태어나 살아갈 수 있다.

“그동안 내가 읽은 수많은 웹소설, 웹툰, 드라마 들을 보면 어떤 고난과 압박이 있어도 주인공은 다시 일어나 맞서 싸우고 승리를 쟁취하거든요. 그들에게 부끄럽지 않으려면 우리가 좀 더 나아져야 하지 않겠어요?”

파면은 되었지만 여전히 내란수괴가 대낮에 거리를 활보하고, 몰라도 될 대통령 권한대행의 서열을 절로 알게 되는 혼돈의 날들이 이어지고 있다. 여전히 ‘내란당’은 대선에 후보를 낼 자격이 있는 것처럼 굴고 그마저 파열음을 내며 진흙탕싸움을 하고 있는데, 과연 ‘우리는 성공’했다고 말할 수 있을까.

다양한 투쟁템들. 윤석열이 (운동)'권'을 속성으로 키웠다.

"이재명이라는 사람을 이번에 처음 알았어요. 계엄이 이재명을 스타로 만들어주던데요. 윤석열 이름은 유난히 뉴스에 많이 나와서 알았죠. 일을 참 못하나 보다 생각했어요. 학생이 그린 '윤석열차'라는 만평이 문제가 되는 걸 보면서 대통령이라는 자리에 안 맞는 사람인 것 같았어요."

린덴비연은 세월호를 통해 박근혜를 알 정도로 정치에 관심이 없었다. SNS도 하지 않던 어릴 때여서 도망간 선장이 나쁘다, 정도로만 기억한다. 그 후로 수학여행을 갈 때마다 약간의 여파가 있기는 했지만.

이태원 참사 때는 SNS로 정제되지 않은 영상을 그대로 봤다. 그때 만일 바로 달려갔다면 심폐소생술을 해서 몇 명이라도 살리지 않았을까 하는 후회가 있다. 하지만 그건 나중의 생각이고, 당시만 해도 뉴스를 리트윗하면서 그저 안타까워하는 정도에 머물렀다. 세월호보다는 한발짝 나아갔지만 여전히 문제의식이 별로 없었던 거다.

12월 3일 내란이 있었을 때도 마찬가지였다. 수능이 끝나고 좋아하는 웹소설을 보며 놀고있는데 오밤중에 계엄이라는 단어가 트위터에 떴다. 트친들이 올린 링크를 따라가, 국회로 와달라는 이재명의 라이브와 국회 라이브를 보았다. 많이 놀라기는 했지만, 계엄해지가 되었으니 끝난 줄 알았다.

**"노망이 났구나, 제정신이 아니야 라고 생각했지 자칫하면 죽을 수 있었다고는 생각하지 못했어요."**

그는 서울 한가운데 장갑차가 서있고 국회에 군인이 들어와 있는 걸 보면서 가스렌지 옆에 신발이 놓인 것 같이 생경해 보였을 뿐, 얼마나 위험한 상황인지 체감하지 못했다. 시간이 어느 정도 흐른 후에야 트위터를 통해 그것이 내란이고 즉시 처벌을 해야 하는 중대한 사태임을 깨닫게 되었다.

그렇게 알고리즘으로 뉴스를 접하면 한쪽으로 편향될 수도 있지 않겠냐고, 세뇌되거나 선동당하지 않았다고 어떻게 확신할 수 있냐고 물었다.

**"모든 덕후가 똑같은 말을 했거든요. 원래 덕후들은 하루에도 수십 번씩 싸워요. 같은 장르 내에서도 자기가 좋아하는 설정이랑 안 맞는다고 싸우고 다른 장르와도 싸우고 동북공정 같은 논란이 있을 때도 꼬투리 잡아서 싸워요. 근데 12월 3일 이후로는 싸움이 없어졌어요. 트위터가 정치판이 되었어요. 오죽하면 덕후 둘이서 머리채를 잡고 있다가 그대로 광장으로 가는 밈이 생겼겠어요."**

나는 고개가 끄덕여졌다. 다수가 무조건 옳은 건 아니지만, 수십 갈래로 갈라져 다양성의 끝판을 보여주는 덕후들이 모두 같은 쪽을 가리킨다면 그건 믿을 만하다. 국가정보원도 모든 덕후들을 선동할 능력은 없을 테니까.

계속 탄핵 관련 소식을 챙겨보던 그는 '북태평양 해저기지 뜨개연합'이라

린덴비연은 깃발은 나를 대표하는 나, 라고 했다. 흔히 기수들은 깃발이 '나'이고, 자신은 깃발을 움직이는 '구동체'라고 표현한다.
© 트위터리안 영원한 기록자

처음 만들었던 전국웹소설독자연맹. 그는 이번 탄핵과정에서 '80년의 광주가 24년의 대한민국을 살렸다'는 말이 가장 와닿았다고 한다. 한강 작가가 제주와 광주를 재조명한 것처럼 그도 언젠가 현장의 이야기를 담은 글을 쓰고 싶다.

는 깃발 사진을 발견했다. 〈어두운 바다에 등불이 되어〉라는 웹소설을 본 사람이라면 누구나 아는 문구였다.

'나도 우리 장르 깃발을 세우고 싶다!' 그는 처음으로 광장에 나가고 싶다는 강렬한 충동을 느꼈다. 정치에 관심이 없어도 아무말 깃발의 유래를 모르지는 않았다. 박근혜 탄핵 시위 때 배후가 누구냐고 묻자 '내 배후는 고양이다' 라는 깃발을 들면서 아무말 깃발이 시작되었다. 고양이에 이어 온갖 덕질 장르의 깃발이 잇따랐기 때문에 덕후라면 다 아는 이야기다.

하지만 이제 막 수능을 끝내고 집에서 뒹굴거리던 그는 나갈 명분이 없었다. 부모님은 몹시 보수적이고 엄한 분들이라 집회는 말도 꺼낼 수 없고 친구 핑계를 대기에도 부모님이 빤히 아는 관계여서 쉽지 않았다.

딱 하루, 수능도 끝났으니 트친들과 놀겠다며 백화점에 가는 척 여의도 집회로 향할 수 있었다. 깃발은 미리 준비해두었다. '전국웹소설독자연맹.' 웹소설을 좋아하는 독자들을 아우르기에 적당할 것 같았다.

"깃발도 작고 깃대도 짧아서 너무 힘들었어요. 광장이 안전해지고 젊어지면서 접근성이 좋아진 것 같아요. 트친들도 한번 가볼까, 하다가 두 번 가고 세 번 가고 계속 참여하게 되었다고 해요."

그 후로는 마땅한 변명거리도 없고 부모님과의 여행 일정도 잡혀있어서 한동안 외출하기가 힘들었다. 대신 트위터로 계속 집회 상황을 지켜보았고, 남태령과 한강진을 보면서 정치에 대한 시야가 조금씩 트였다. 더불어 차곡차곡 분노도 쌓였다.

드디어 개학을 하고 공식적으로 외출이 가능해지면서 그는 본격적으로 광장에 나오기 시작했다. 깃발도 새로 뽑았다. '내게 있던 것? 오직 혁명이지. 룬데인수도방위대연합.' 등장인물의 독백인 '내게 있던 것? 오직 사랑이지'를 패러디했다. 트친들은 작중에 혁명을 꿈꾸는 캐릭터도 등장하니 시국에 어울린다며 깃발을 환영했다. 클레이오가 지키는 수도 이름이 룬데인이고 실제로 수도방위대에서 활약하기 때문에 그와 트친들은 룬데인수도방위대연합 소속임을 자청했다. 마침 광장에 나오고 싶어 하던 트친들은 그의 깃발 아래 대여섯 명씩 꾸준히 모였고, 많을 때는 열다섯 명이 넘기도 했다.

"세월호 기억식 때는 쌍기를 들었어요. '전국웹소설독자연맹.'과 '룬데인수도방위대연합'을 깃대에 이어 붙였죠. 그때는 이미 팔 힘도 좋아지고 요령도 생겨서 무서울 게 없었습니다. 하하."

이후 룬데인수도방위대연합 깃발은 식민지역사박물관에 기증했다.

깃발이 촉발제가 되기는 했지만 그렇다고 광장에 나오는 그의 마음이 가벼운 건 절대 아니다. 부모의 눈을 피하면서까지 적극적으로 집회에 참여하는 건 결코 가벼운 마음으로 할 수 있는 일이 아니다. 심지어 신입생이 되어 자유를 누릴 시간에 정치적 의사를 표출하겠다고 거리로 나오는 건 굳은 실천 의지 없이는 불가능하다.

그는 윤석열이 탈옥한 뒤 매일 집회가 열렸을 때 수업이 끝나는 대로 무조건 광장에 나왔다. 남태령 2차 때도 달려갔고, 장애인차별철폐의 날에도 현장에 있었다. 남태령에서는 극우들이 많아서 화장실이나 전철에 오갈 때 여럿이 같이 움직이는 '이동서비스'를 동지들과 함께 만들어 운영하기도 했다. 그때 극우들을 처음 봤다. 폭력적이고 배타적인 날것의 반응을 맨눈으로 확인하는 일은 생각보다 참혹했다.

다음날은 아침부터 수업이 있었다. 그때만 해도 수업을 빠진다는 건 엄두도 내지 못하고 수업중 라이브를 켜두는 것으로 대신해야 했다. 사실 나는 부모가 얼마나 엄하기에 외출도 마음대로 못 하나 싶어서 좀 더 깊게 질문을 해볼까 망설이고 있었다. 그런데 수업을 빠지는 것조차 엄두를 내지 못했다는 말을 듣는 순간, 굳이 더 물을 필요를 느끼지 않았다. 그건 부모의 영향이라기보다는 스스로 그은 경계에 가깝다. 그가 집회에 나온다는 게 얼마나 큰 용기를 필요로 한 일인지 단박에 이해할 수 있는 지점이다.

같은 이유로 그는 지방으로 간다거나 1박을 하는 투쟁장에는 참석하기 어려웠다. 가끔 엠티나 오리엔테이션 등을 핑계 대기도 했지만 매번 그럴 수는 없었다. 그때마다 그는 라이브를 켜놓고 연대했다.

울산에서 있었던 이수기업 문화제 때는 다치고 잡혀간 동지들을 라이브로 보고만 있어야 하는 게 너무 괴로웠다. 그는 〈연대투쟁가〉의 한 대목을 들려주며 그날의 심경을 전했다.

'너희에겐 외세와 자본이 있고 폭력 집단 경찰과 군대 있지만
우리에겐 신념과 의리로 뭉친 죽음도 함께하는 동지가 있다…'

"동지들이 생긴 뒤로는 내가 잡혀가는 것보다 동지들이 잡혀가서 고통받는 게 더 힘들어졌어요. 나만 집에서 따뜻한 이불 덮고 뭐든 꺼내 먹을 수 있는 냉장고가 있는 곳에서 호의호식하는 게 견딜 수가 없어요. 실제로 몇몇 동지들은 내 본명을 알고 가족보다도 나에 대해 잘 아는 면이 있어요. 이제 그들은 내게 너무나 소중한 존재가 되었어요. 내가 없는 곳에서 나의 동지들이 폭력을 겪지 않게 그들과 함께 있고 싶어요."

이전과 달리 경찰이 말벌동지들을 폭력적으로 진압하면서 공포심이 커진 것은 사실이다. 게다가 아직도 구시대에 고문실로 사용하던 시설이 학교 근처에 잔존한다는 소문을 들었다. 하지만 그는 잡혀가는 두려움보다 가족에게 들키고 싶지 않은 마음이 더 크다. 잘못하면 아예 못 나오게 될 것이기 때문이다. 그래도 저들의 폭력을 멈추게 하려면 한 명이라도 더 광장에 나와 머릿수를 채워야 한다.

"기수나 활동가분들이랑 대화를 해보면 비장해요. 탄핵이 지연되면서 우리는 점점 비장해졌고요, 구사대와 마트노조 용역들이 칼을 휘두르는 걸 보면서 더 불타올랐어요."

그는 탄핵 광장에 나오면서 세상이 넓어졌다고 한다. 덕질을 하던 작은 방에 문이 하나 생긴 거다. 그는 언제든지 문을 열고 세상 밖으로 나가 사회

문제에 연대할 생각이다. 그러다 지치고 힘든 때가 오면 잠시 방으로 들어와 쉴 수도 있겠지. 하지만 몰랐던 때로 돌아갈 수는 없게 되었다.

그는 광장에서 자주 보던 정당에 가입했다. 노조에 가입할 생각도 있다. 하지만 정당이든 노조든 입고 벗을 수 있는 옷과 같다고 생각한다. 어딘가에 매여 있기보다는 자유로운 연대를 택할 것 같다. 각자 원하는 방식으로 자신의 삶을 살다가 투쟁 속에서 잠시 '우리'가 되는 것. 나는 '따로 또 같이'라는 오래된 표현이 떠올랐다. 오래되었지만 '따로 또 같이'의 가치는 여전하다. 아니 '개인'이었다가 '우리'로 연결된 지금이야말로 더 빛을 발한다.

"광장에 소수자들의 목소리가 들렸다는 게 이번 탄핵정국에서 가장 큰 변화 중 하나라고 생각해요. 그들이 평등수칙을 믿고 목소리를 냈어요. 덕후도 원래는 손가락질받던 이들이었죠."

사소하고 하찮은 존재로 취급 당해온 덕후의 위치성은 오히려 우리의 감각을 민감하게 일깨웠다. 우리는 다정하고 동등한 관계 속에서만 안전하고 살 만한 공동체가 만들어진다는 걸 깨달았다. 개별적이고 연약한 존재들이 서로 포개어져 있음을 덕질 속에서 자각한 셈이다. 일상에서도 소수자들의 목소리가 들리는 정치가 이루어질 때 진짜 '우리는 성공했'다고 말할 수 있을 것이다. 지금 우리에게는 오직 혁명이 필요하다.

# 7 덕후들아, 연성하자. 광장에서 목소리를 낼 수 있게

히프노시스 마이크 덕후, **서리꽃**

"제 인터뷰이가 되어주시겠어요?"

광장에 나온 덕후들을 섭외하러 다니면서 수없이 했던 질문이 거꾸로 내게 주어졌다. 서리꽃(만 26세, 여, 기록학 연구자, 서울 서초구)은 인터뷰하는 나를 인터뷰하고 싶다고 했다. SNS나 유튜브 등이 발달하면서 개인 차원의 일상 기록을 넘어서 용산 참사나 세월호 등 사회적 문제에 대해 기록을 남기는 사람들이 대폭 늘어났다. 특히 이번 12.3 내란사태를 겪으면서 자발적으로 각자의 입장을 기록하고 관련 사건을 중심으로 아카이브를 구축하는 시민들까지 등장했다.

서리꽃은 시민들이 왜 이토록 능동적이고 주체적으로 기록에 나서는지 그 동기와 의미를 기록학적 관점에서 탐구해서 논문에 담고 싶다고 했다. 나는 연구자의 요청을 거절하지 못하고 그와 마주앉았다. 마침 그는 내 인터뷰 주제인 '광장과 덕후'에도 해당되었기 때문에 우리는 서로가 서로를 인터뷰하는 상호 인터뷰를 시도하게 되었다.

그는 '히프노시스 마이크'라는 일본 성우랩 프로젝트를 덕질하고 있다. 원래는 드라마 CD 및 음반으로 시작되었는데, 지금은 출판만화, 뮤지컬, 게임, 애니메이션으로까지 확장되었다고 한다. 그는 특히 요코하마 팀을 좋아해서 요코하마로 덕질 여행을 다녀오기도 했다. 그의 덕친들은 우리나라

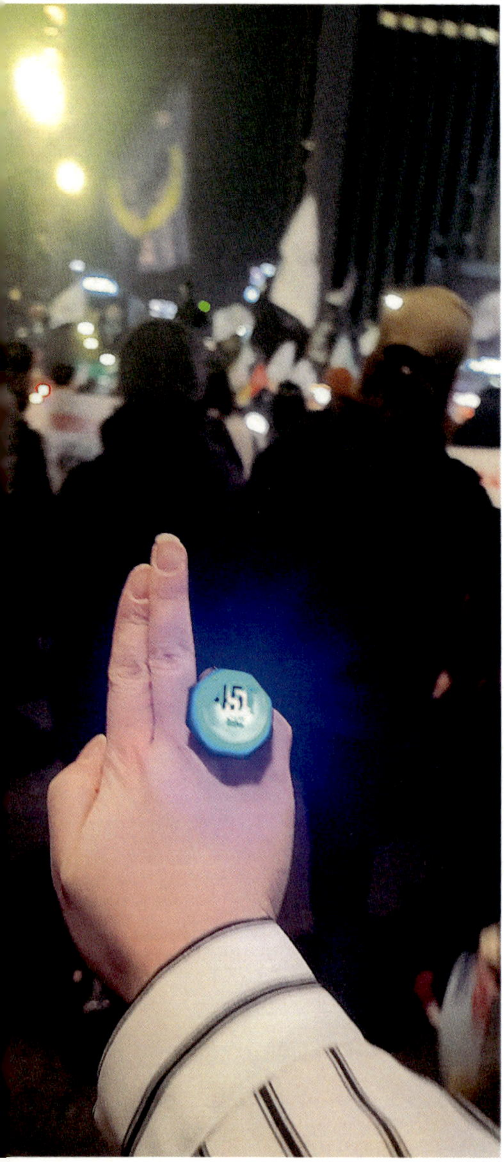

응원봉이 아니라 반지 형태의 '링라이트'

도 지역경제를 활성화하려면 '디비전 랩 배틀'(지역별로 열리는 배틀대회)을 열면 된다고 농담할 정도로 일본으로 지역탐방 하는 팬들이 늘었다고 한다.

그는 덕질 자체도 좋지만 2차 창작을 통해 나만의 목소리를 내는 것도 못지않은 즐거움이라고 했다. 얼마 전에는 트친 따라 2차 창작집을 냈다. 표지도 직접 그렸다.

"어릴 때부터 글 쓰고 그림 그리고 노래 부르고 춤추는 걸 아주 좋아했어요. 피아노 치고 작곡도 했어요. 내 목소리를 내는 경험이 중요한 거 같아요. 시위도 결국 내 목소리를 내는 거잖아요. 다양한 목소리를 내는 것부터가 민주주의의 시작이죠."

그의 최애는 경찰이다. 부모님을 잃고 자신이 생각하는 정의를 실현하기 위해 "목숨 아까운 줄 모르고" 불나방처럼 뛰어든다. 그는 최애에게 가족을 잃은 동질감이 느껴져 마음이 쓰였다. 어릴 때, 그의 아버지는 경제적 위기를 견디지 못하고 스스로 목숨을 끊었다. 그는 자살하고 싶다는 말을 하는 친구들을 보면 화가 났다. 그만큼 삶이 고단하다는 뜻이라는 걸 모르지 않지만, 목숨이 그렇게 가벼운 게 아니라고 항변하고 싶다.

그는 어머니와 서로를 의지하며 살았다. 지하방을 전전했지만 피아노를 배울 정도로 마음의 여유는 잃지 않았다. 알바를 하면서 오디션을 보는 등 가수를 꿈꾸었고, 실용음악과 입시를 준비하기도 했다. 취업을 했다가 다시 학업을 이어가는 지금, 바쁜 와중에도 밴드 동아리를 하며 여전히 음악을 즐기고 있다. 얼마 전에는 드디어 햇빛이 드는 2층으로 이사도 했다.

그렇게 소중히 삶을 일궈가는데 계엄이 터졌다. 계엄이라니! 역사책에서 배운 계엄은 거리에 탱크와 군경이 돌아다니고 아무 죄 없는 사람들도 감시하고 잡아가기도 하는 건데, 2025년에 어떻게 그런 일이 생긴단 말인가. 당장은 총부리가 국회로 향하지만, 계엄이 시작되면 그 누구에게 향할지 아무도 모르는 거 아닌가. 죽고 사는 문제에 민감한 그는 총에 맞아 죽을 수도 있다는 두려움과 죽음의 무게를 모르는 그들에 대한 분노가 동시에 일었다.

"사람이 죽는다는 게 절대 가벼운 게 아니잖아요. <소년이 온다>를 보면 내 가족이 죽었고 내 친구가 죽었고, 그런 참혹한 비극을 온몸으로 겪으신 분들 이야기가 나오잖아요. 나는 그게 무슨 마음인지 조금은 알거든요. 근데 계엄이 별거 아닌 것처럼 얘기하는 사람들을 보면 너무 화가 나요. 국가폭력은 아군과 적군을 구분하지 않잖아요. 윤석열에게 호의적인 사람이라고 피할 수 있을 것 같아요?"

그는 죽을 수 없었다. 죽지 않으려면 목소리를 내야 했다. 당장 광장으로 나갔다.

광장에는 사람들이 제각기 다른 목소리를 내고 있었다. 계엄은 안된다는 절박함은 같겠지만 품은 생각은 분명 달랐다. 특히 주류가 아닌 소외된 사람들, 그동안 목소리를 낼 수 없었던 사람들이 자신의 정체성을 용기 있게 드러냈다. 그는 그런 이야기를 들을 수 있는 광장이 소중했다. 그가 공부하는 기록학은 다만 기록이 아니고 아래로부터의 역사이기 때문에 광장은 그에게 또 하나의 교실이 되어주었다.

한강진 때는 마침 컴퓨터활용능력 자격증을 준비하던 중이어서 책과 패드를 끼고 광장에 앉았다. 매서운 추위 속에서 사람들은 끝도 없이 자유발언을 이어갔다. 교사라서 정치적 중립을 지켜야 하지만 이대로는 안 된다 싶어 나왔다는 사람도 있고, 나는 퀴어 페미니스트입니다 또는 소위 말하는 이대남입니다 라고 자신을 소개하기도 했다. 스타워즈를 좋아하는데, 그 가치관이 집회에 나오게 했다는 사람도 있었다.

"조금 추워져서 근처 건물에 들어가 쉬었는데, 거기서 50대 여성분을 만났어요. 나도 한번쯤 가보자 라는 마음으로 처음 집회에 나오셨다고 해요. 그분과 한참 수다를 떨었어요. 그런 사소한 장면들까지 기억에 남아요. 광장의 기억은 어떤 식으로든 미래의 나에게 도움을 줄 거라고 믿어요."

그는 박근혜 탄핵 때 광장에 나오지 못한 것이 두고두고 부끄러웠다. 그때는 아직 청소년이긴 했지만 그래도 광장에 나가는 친구가 있었다. 왜 그 애는 갔는데 자신은 가지 못했나 돌아보게 되었고, 그 애의 용기와 결단이 부럽기도 했다.

"세월호 참사가 있었던 날, 수학여행 마지막 날이었어요. 집에 갈 무렵에야 뉴스를 들었고 무거운 마음으로 귀가했던 기억이 생생해요. 내

직접 쓴 2차 창작물<백과 흑>, 히프노시스 마이크 음원CD, 그리고 최애인형을 들고 있는 서리꽃

또래 친구들이 왜 억울하게 죽어야 했나, 참담했어요. 근데도 박근혜 탄핵 때 집회에 참석하지 못했죠. 이태원 참사도 마찬가지예요. 왜 경찰이 인원통제를 못 했나, 진짜 이해할 수가 없었어요. 그때는 못 갔지만 지금은 갈 수 있으니까 가자, 그런 마음으로 광장에 나갔어요."

하지만 그는 남태령에 못 가면서 다시 부끄러워졌다. 광화문에 갔다가 집에 돌아왔는데, 남태령 소식을 들었다. 밤새 후원물품이 쏟아지고 난방버스가 도착하는 걸 보면서 갔어야 했다고 후회했다. 물론 모든 집회에 갈 수는 없다는 걸 잘 알고, 다른 사람들이 참여하지 못한 아쉬움을 말할 때

괜찮다고 위로하기도 했다. 그럼에도 '그들은 하는데 왜 나는 하지 못했을까?'라는 생각을 멈출 수가 없다.

그의 최애가 부르는 랩 가사 중에 "누군가가 무리라도 해도 리스크를 지는 것은 내 자유다. 경고는 듣지 않을 거고 하지 않는 녀석에게 설득력은 없다."라는 내용이 있다. 이러쿵저러쿵 말을 얹는 사람들에게 그는 당당히 말하고 싶다. 행동하는 사람의 무게는 다르다고, 원하는 것을 얻기 위해 움직일 거라고. 다음 날, 그는 트랙터를 따라 한강진으로 갔다.

"'다시 만난 세계'를 부를 때는 옆에 있는 이들이 소중하게 여겨지고 고마운 마음이 생겨요. 그러다 'HAPPY'를 부르면 왜 매일 웃고 싶은 사람들이 추운 날 이 고생을 해야 하나 싶고요. '임을 위한 행진곡'을 비장하게 부르는 부모뻘의 어른들 모습이 특히 인상적이었어요."

또 다른 집회에서 은박 담요를 두른 60대 노부부가 '우리도 키세스다.'라며 웃는 모습을 보았다. 그는 생면부지의 사람들에게 친근함이 느껴졌다. 평소에는 절대 말 한마디 섞을 일 없는 사람들을 가까이에서 마주하고 친근함을 느낀다는 게 놀라웠다. 친밀성은 세대를 넘어 사회문화적인 장벽도 뛰어넘을 수 있는 소중한 감정자산이다.  광장을 통해 우리는 MZ와 꼰대 세대가 통합되는 순간을 집단적으로 경험한 셈이다. 광장이 아니었으면 부모 세대인 나와 자식 세대인 그가 서로 마주보고 인터뷰할 일도 없었겠지.

한편, 그들의 현재는 서리꽃의 미래이기도 하기 때문에 친근한 게 당연하다. 그는 마이스터고 학생들이나 청소년 노동자를 볼 때도 자신의 과거가 포개진다. 그래서 마이스터고 학생들이 산재를 당하지 않는 세상이 되는 게 그의 가장 큰 소망이다. 민주정부가 들어서면 그들의 안타까운 죽음을 꼭 다시 조명해 주었으면 좋겠다. 아니, 더 이상 일하다 억울하게 죽는 사람이 없었으면 좋겠다. 그가 다닌 회사들도 대부분 5인 미만 사업장이어서 여전히 자신의 일이기도 하다.

"산재뉴스를 보면 효율을 위해 안전수칙을 어기는 것을 권장하고, 원래는 업무범위가 아닌 일을 제대로 된 교육도, 안전장비도 없이 무리하게 시키다 사고로 이어지잖아요. 제대로 일을 알려주지 않으면서 왜 못하냐고 화를 내기도 하고요. 알려주지 않으면 못하는 게 당연하지 않나요? 안전이 갖춰지지 않으면 사고가 나는 게 당연한 거고요. 왜 이 당연한 일을 모르는 척하는 걸까요?"

그는 우선 교육이 바뀌어야 한다고 강조한다. 동료로서 서로를 존중하는 민주시민교육이 필요하다. 지금은 '리박스쿨'로 대변되는 왜곡된 역사관과 파시즘이 알게 모르게 교육 현장 구석구석 퍼져있다. 인터넷 창 너머에 숨어 타인을 비웃고 사이버블링을 하더니 이제는 속으로만 해야 할 생각을 대놓고 입 밖으로 내뱉기까지 할 정도로 타인에 대한 존중이 없다. 자신이 겪은 것을 타인에게 비추어 볼 수 있는 역지사지를 가르치고, 인성과 매너, 태도를 바로잡아야 한다. 자신이 언제 소수자가 될지 모른다는 불안을 연대로 승화할 수 있어야 한다. 장애인, 성소수자, 노동자, 여성 등을 배제하지 않는 사회로 나아가야 한다. 덕후들은 "내 최애가 소중하듯 남의 최애도 소중하다."는 계명 아래 서로를 존중하는 태도를 배웠다. 배제하지 않는 것이 진짜 민주주의라는 걸 몸으로 터득했다.

"제 책을 트친이 행사장에서 팔아줬어요. 나는 부스 신청을 안 했거든요. 먼저 나선 사람이 도와준 거예요. 연대가 거창한 게 아니라, 누군가 나설 때 따라붙는 거라고 생각해요. 서로 손을 내미는 게 필요해요. 결국 내 일이 될 수 있으니까요. 내 친구의 일이기도 하고요. 나를 중심으로 생각하면 미래가 두려워서라도 연대를 하지 않을 수 없어요."

그는 "광장은 인력"이라고 했다. 만유인력처럼 자신을 자연스럽게 이끌고 간다. 덕분에 그는 이전보다 좀 더 실천력이 생겼다. 광장에 나가 목소리를 내는 작은 실천이 어떤 나비효과를 일으키는지 알기 때문에 행여 광장에 나가지 못하더라도 서명을 하고 게시판에 의견을 덧붙인다. 자신의 입장을 정하고 스스로의 언어로 풀어낼 수 있는 힘도 커진 것 같다.

"초등학교 때부터 덕질 글과 비밀 일기장 같은 걸 썼어요. 연성하는 게 좋아요. 표현하는 것 자체로 의미가 있어요. 그 과정에서 조금씩 능력이 생기고 점차 감각이 예리해지거든요. 계속 쓰다 보니 논문도 크게 어렵지는 않아요."

그는 자신의 생각을 정제된 언어로 기록하는 습관을 들이는 데 연성만큼 좋은 게 없다고 했다. 사소하고 서툴러도 하고 싶은 말을 마음껏 하는 걸로 충분하다. 그러니까 "덕후들아, 연성하자." 우리의 목소리를 세상에 전하자.

# 8 난 빡칠 때 남을 먹여... 광장에서 2만 명을 먹였지

연극·뮤지컬 덕후, **라이카**

'빡쳐서' 광장으로 뛰쳐나온 사람들에게 먹을 걸 안겨주는 이들이 있다. 떡볶이, 꽈배기, 순두부, 어묵탕 등 종류도 다양하다. 이번 탄핵집회의 특징 중 하나는 푸드트럭일 것이다. 음료는 물론 감자튀김, 닭꼬치, 소떡소떡, 쪽파전 등 먹거리가 풍부했다. 선결제를 너머 직접 해먹이겠다고 팔을 걷어붙인 사람들은 도대체 어떤 사람들일까.

**"되게 힘들고 추우면 따뜻한 거나 달달한 게 먹고 싶어지잖아요. 매번 광장에 나오기 어려운 사정이 있는 사람들은 비상행동에 기부하는 등 다양한 방법으로 연대를 하는데, 저희는 주로 먹이는 데 치중한 거죠. 먹이는 게 중요하다는 걸 알만한 나이대의 사람들이거든요."**

'일상을 돌려받고 싶은 사람들의 모임'(이하 일돌사)은 광장의 깃발들이 흔히 그렇듯 진짜 모임이 있는 것은 아니다. 친구의 친구들, 지인의 지인들이 광장에 나온 사람들을 좀 먹이자는 마음으로 알음알음 그때그때 조금씩 돈을 보태면서 비롯되었다. 일단 카드로 긁으라고 해서 자신의 카드를 썼던 라이카(40대, 여성, 기획자, 서울 종로구)는 자연스럽게 총대를 메게 되었다.

해외에 사는 친구들이 붕어빵 사 먹으라며 몇 만 원 부쳐준 게 그 시작이었다. 혼자 붕어빵 사 먹기에는 조금 많은 돈이라 국회에서 일하는 친구에

배달카트로 광장을 누비며 나눠주기도 했던 꽈배기 © 트위터리안 수리수리

탄핵 떡볶이 트럭. 처음에는 급하게 종이에 이름을 썼다가 차츰 현수막과 배너도 갖췄다. © 트위터리안 킴에스

게 커피쿠폰을 나누었더니 여의도 시민들을 위해 선결제를 하라고 또 돈을 부쳐왔다. 약간 남은 돈으로 남태령에서 핫팩과 음료를 나눈 뒤에는 우리도 한푼 두푼 모으면 어묵차 한 대는 보낼 수 있지 않을까 하는 이야기가 오가기 시작했다. 한강진 키세스단이 하얗게 눈을 맞던 날, 지인의 지인들까지 힘을 합쳐서 드디어 어묵차를 보낼 수 있었다.

"한강진에서 제주항공 참사 리본을 나눔 했어요. 친구들이랑 수작업으로 직접 검은 리본을 만들었죠. 마침 푸드트럭이 와 있었어요. 커피라든가 난방 트럭도 있었어요. 혹시 몰라서 내가 전화번호를 땄거든요. '어묵차 보내기 딱 좋은 날이군.'하면서 어묵을 섭외했죠."

그렇게 그들은 지난 5개월간 시민들을 먹이고 또 먹였다. 어묵 6880개, 꽈배기 8180개, 순두부 328인분, 떡볶이 3650인분, 붕어빵 150개, 물떡

100개, 수프 50인분, 음료 100잔, 떡 40팩, 생수 880개, 초코파이 720개 등 모두 합하면 2만 인분에 달한다. 먹을 거 말고도 핫팩, 돗자리, 우의, 상비약 등 필요한 물품을 그때그때 나눴다.

"어묵 섭외할 때 푸드트럭 사장님이 뭐라고 적으면 되냐고 물어서 갑자기 이름을 정한 거예요. 일상으로 돌아가고 싶다는 마음을 있는 그대로 담았죠."

일돌사는 여의도 선결제부터 총 33회 참여했다. 개근에 가까운 출석률이다. 왜 그렇게까지 했냐고 물으니 라이카는 "돈이 애매하게 남아서."라고 운을 뗐다. 매번 돈이 조금씩 남으니까 보태서 다음을 이어가고 또 조금 남으면 보태서 다음을 이어갈 수 있었다고 한다.

"말 그대로 간절하게 일상을 돌려받고 싶어서죠. 12월 3일 이후로 제대로 잠을 자지 못했어요. 국회에서 탄핵소추안이 통과되고 마음을 좀 놓으려고 하면 영장거부 사건이 일어나고, 윤석열이 수감되고 나서 마음이 좀 편해지려고 하면 교도소에서 나온다는 소식이 들리고. 헌재 판결은 또 얼마나 늦어졌어요. 맘 편히 밥 먹고 잠자고 일하러 갈 수 있는 일상이 너무 그리웠어요."

그동안 후원이나 지원은 한걸음 뒤에서 하는 거라는 인식이 있었다. 하지만 이번 탄핵정국을 지나오면서 그렇게 생각하는 사람은 아무도 없다. 커피 한 잔 덜 마시고 2700원(메가커피 한 잔 값) 비상행동에 기부하자는 말이 돌 정도로, 뭐라도 하지 않으면 안 될 것 같은 마음이 모이고 모여 광장을 끌어갔다. 누군가는 깃발로 누군가는 응원봉으로 연대하듯이 일돌사는 먹이는 걸로 연대한 것뿐이다. 남태령대첩에서 시작된 돌봄과 연대는 난방버스나 푸드트럭이라는 놀라운 발상을 낳았고 새로운 집회문화가 형성

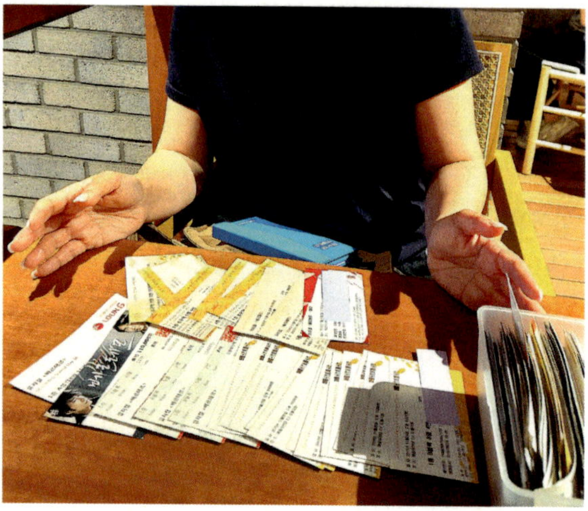

'회전문러'임을 증명하듯 앞에 놓인 것은 전부 뮤지컬 <베르테르> 를 관람한 티켓이다.

되었다. 여러 방식의 연대가 발명된 셈이다.

"실제로는 당장 윤석열이 감옥에서 나오고 사람들은 모인다니까 통장 잔고 확인해서 음식을 조달하는 거지, 문화를 만들고 있다고 생각하지는 않았어요. 속보가 뜨는 대로 급하게 문의해도 늦게 퇴근하면서까지 준비해준 꽈배기 집 사장님 덕분이죠."

그때는 국회에서 탄핵이 통과됐음에도 불구하고 탄핵반대 측 세력이 커지고 있어서 기세를 끌어올릴 필요가 있었다. 꽈배기나 어묵, 떡볶이는 꽤 효과가 있었다. SNS에는 '탄핵 꽈배기 먹고 에너지 충전' '꽈배기로 느끼는 탄핵의 맛, 아주 달달합니다.' '춥고 배고팠는데 어묵 감사합니다.' 등의 글이 리트윗 되었고, 시위가 밥 먹여준다는 밈까지 생겼다.

라이카는 원래 교육용 콘텐츠 만드는 일을 한다. 주로 재택근무를 하는 편이라 계엄이 일어난 날도 집에서 일하던 중이었다. 오후부터 감기 기운이 있어서 일찍 자려던 참에 계엄 소식을 들었다.

"단체대화방에서 런던 사는 친구가 계엄이야 비상계엄이야, 그러는 거예요. 처음엔 어느 나라 일이야, 했어요. 우리나라에서 벌어진 일일 거라고는 꿈에도 생각하지 못했죠. 한동안 멍하니 있었어요. 인지부조화 상태가 몇 시간은 지속된 것 같아요."

그는 유튜브 등을 통해 계엄해지가 되는 것을 확인한 후, 몸이 안 좋으니까 일단 자고 내일 생각하기로 했다.

다음날 아침, 그는 밤샌 사람들과 교대하기 위해 남편과 여의도로 갔다. 그전에 행정복지센터에 들러 주민등록증에 주소지 갱신을 했다. 그가 사는 지역은 대규모시위가 일어나면 출입통제가 되는 경우가 많았다. 어쩌면 집에 가기 어려워질 수도 있을 거라 생각하자 마음이 비장해졌다. 그는 지인에게 연락해 고양이를 부탁했다. 사료를 가득 채워놓고 물도 여러 개 떠다 놓았지만 한 치 앞을 알 수 없는 불안한 상황이었다.

"정말 무서웠어요. 이번 계엄은 총으로 죽은 사람이 한 명도 없다는 게 가장 큰 업적 중의 하나라고 생각해요. 4.19 때도, 5.18 때도 사람들이 총에 맞아 죽었단 말이에요."

그렇게 무서웠는데 어떻게 갈 용기를 내었냐고 물었더니 그는 "역설적으로 그들이 얼마나 선을 세게 넘었는지 알 수 있죠, 나 같은 사람도 움직일 정도로."라고 답했다.

그는 학생운동이나 시민운동을 한 적이 거의 없다. 과 선후배가 잡혀 갔을 때나 세월호 집회에 참여한 게 전부다. 다만 그는 지금의 민주사회를 누릴 수 있는 건 이전부터 누군가가 애써온 덕분이라는 걸 알았다. 4.19와 5.18을 넘어오면서 수많은 사람들이 나서주었듯이 지금은 우리가 나설 때라는 걸 받아들였을 뿐이다.

**"대단히 내가 뭘 하겠다는 생각이 있었다기보다 빨리 가서 교대를 해줘야 그 사람들이 집에 가고, 우리가 몇 시간 지키고 있으면 또 다른 사람들이 교대해 주겠지, 했어요."**

누군가는 바통을 이어받아줄 거라는 신뢰. 어쩌면 이번 광장은 내 곁의 사람들에 대한 믿음, 더 나아가 인간에 대한 믿음을 되찾게 해준 기회가 아닐까. 각자도생이니, 승자독식이니 우리는 언제나 사회를 비관적으로 바라봤지만 이제는 서로를 믿고 기댈 수 있는 시민의식을 가진 사회로 한발 다가섰는지도 모르겠다.

그는 남태령 때도 교대해 주기 위해 지인과 함께 달려갔다. 거기서도 일돌사가 제일 잘하는 것, 먹이는 일을 했다. 배달음식이 많이 도착했다고 알고 있었는데, 통제를 뚫고 가보니 인원에 비해 음식이 많이 부족했다. 그는 다시 차를 몰고 밖으로 나와 음식을 날랐다.

남태령에 처음 도착했을 때는 광화문 집회 끝나고 합류한 시민들이 농민들에게 '농민가'를 배우고 있는 걸 봤는데, 두 번째로 먹을 것을 가지고 남태령을 뚫고 왔을 때는 농민들이 '다시 만날 세계'를 따라 부르고 있었다. 잊을 수 없는 감동의 순간이었다. 새벽 첫 차에서 사람들이 우르르 내리는 걸 보며 그는 안심하고 지인과 함께 집으로 돌아왔다.

그는 연극과 뮤지컬 덕후다. 같은 극을 스무 번도 넘게 반복해서 보는 '회전문러[29]'이자 '다작러[30]'다. 그런데 12월 3일 이후로 좋아하는 배우, 좋아

29 같은 작품을 반복해서 관람하는 사람
30 다양한 작품을 관람하는 사람

하는 극이 시작되어도 시간을 내기가 쉽지 않아 몇 번 밖에 못 봤다. 그런 그를 남편이 걱정스럽게 바라볼 정도로 NN차 관람은 그에게 중요한 삶의 원동력이다. 누군가는 디깅[31]을 통해 내적 충족감을 느끼기도 한다. 그런데 6개월에 걸친 강제휴덕[32](NN차가 아니라 N차면 그에게는 휴덕이나 다름없다)이라니 얼마나 화가 났겠는가. 일돌사 활동을 마무리하고 나면 한동안 그는 연뮤덕으로만 살고 싶다.

"덕질하면서 총대를 해봤기 때문에 이번 총대가 크게 어렵지는 않았어요. 일돌사 중 한 분이 코로나 때 후원 활동해본 경험을 나누어주셔서 좀 더 수월했죠."

보통 덕질은 방구석에서 혼자 하는 건 줄 알지만, 덕후들은 수시로 광장을 연다. 트위터라는 광장, 2차 창작이라는 광장, 나눔이라는 광장... 우리는 광장을 열고 광장의 규칙을 만들어내고 광장을 놀이터로 변환시킨다. 다시 말해 우리는 함께 할 사람들을 모으고 익명으로 연결되는 데 익숙하다. 지금, 여기에 필요한 것을 상상하고 실현하는 일은 언제나 우리가 해오던 일이다. 물론 그가 기획자이기 때문에 더 계획을 잘 짜고 실행도 잘했겠지만.

그는 세월호 때도 '응답하라 국회의원!'이라는 사이트를 만드는 데 참여했다. 실시간으로 세월호가 가라앉는 걸 무력하게 지켜보던 지인들이 뭐라도 해보자는 마음으로 시작한 것이다. 그들은 거의 잠을 자지 못하면서 72시간 만에 자동청원 사이트를 개설했다. '응답하라 국회의원!'은 사용자가 자신의 지역구를 검색하면 해당지역 의원에게 세월호 피해자 지원 및 대책을 촉구하는 이메일을 자동발송할 수 있도록 도와준다.

---

31 digging. '파다'(dig)라는 뜻에서 유래한 신조어로, 한 분야에 깊이 파고들며 몰입하는 행위를 의미한다.

32 특정 덕질을 일시적으로 중단하는 것

"세월호를 겪으면서 국가란 무엇인가 생각하지 않을 수 없었어요. 컨트롤 타워가 아니라는 헛소리를 하려면 대통령 하지 말고 내려와야죠. 그때도 선을 넘은 거예요."

일상을 돌려받기 위해 제일 필요한 게 뭐냐고 물었더니 그는 두 번 생각하지 않고 내란청산을 말했다.

"내란청산 범위가 조금 넓은데요. 우선 작게는 윤석열 가족부터 해결을 해야죠. 왜냐하면 윤석열 가족 개개인의 부패로 끝난 게 아니고 국가를 경영하는데 사적 이익을 취하면서 사달이 난 거니까요. 그다음에 내란당의 책임을 확실하게 물어야죠. 통진당을 그렇게 해체시켰으면 국힘도 해체해야죠. 통진당은 감옥 갔잖아요. 그들도 감옥 가야죠. 국무위원들도 자기 직을 내놓고 반대한 사람 없잖아요. 책임져야죠. 이명박 때 있었던 부정부패, 댓글부대 관련된 거 지금도 여론몰이 하잖아요. 개혁해야죠."

그가 가장 걱정하는 것은 국힘을 지지하는 41%와 어떻게 함께 살아갈 것인가 하는 점이다. 광장에서 한 가지 배운 것이 있다면 그들과 어떻게든 같이 살아가야 한다는 사실 자체를 먼저 받아들여야 한다는 거다. 그 방법을 찾는 게 우리에게 남은 과제다.

"언젠가 이번 탄핵 과정이 연극이나 뮤지컬로 만들어지는 날이 오겠죠? 광화문, 한강진, 남태령의 밤을 지킨 사람들의 이야기가 잘 담겼으면 좋겠어요. 윤석열이 탈옥한 날, 다들 퇴근하자마자 경황없이 광화문으로 달려 나오던 시민들의 모습이 잊히지가 않아요."

내란청산이 제대로 끝나고 나면 광장의 이야기가 다양하게 조명되면 좋겠다. 광장을 가득 메운 시민들 사이로 꽈배기를 나누는 그의 모습도 한편에 그려지겠지. 돌아가는 길에는 달콤한 기억을 한입씩 물고 갈 수 있게 굿즈는 꽈배기로 만들면 어떨까?

# 파면

©통일로 가는 기록주의자

내란공범
국민의힘
즉각 해체!
대전신세계
한사랑 정형외과
종합검진센
일요일/야간진
SIMMONS

©진광명

www.nanum.com
윤석열
내란수괴
윤석열을
즉-각!

윤석열이 파면 되는 날
우리의 봄은 시작된다
내란수괴
해체하라
새봄에는
새나라로
윤석열
즉각 파면!
극우극렬
규탄한다!
윤석열을
파면한다

내란 수괴
out
윤 석 열

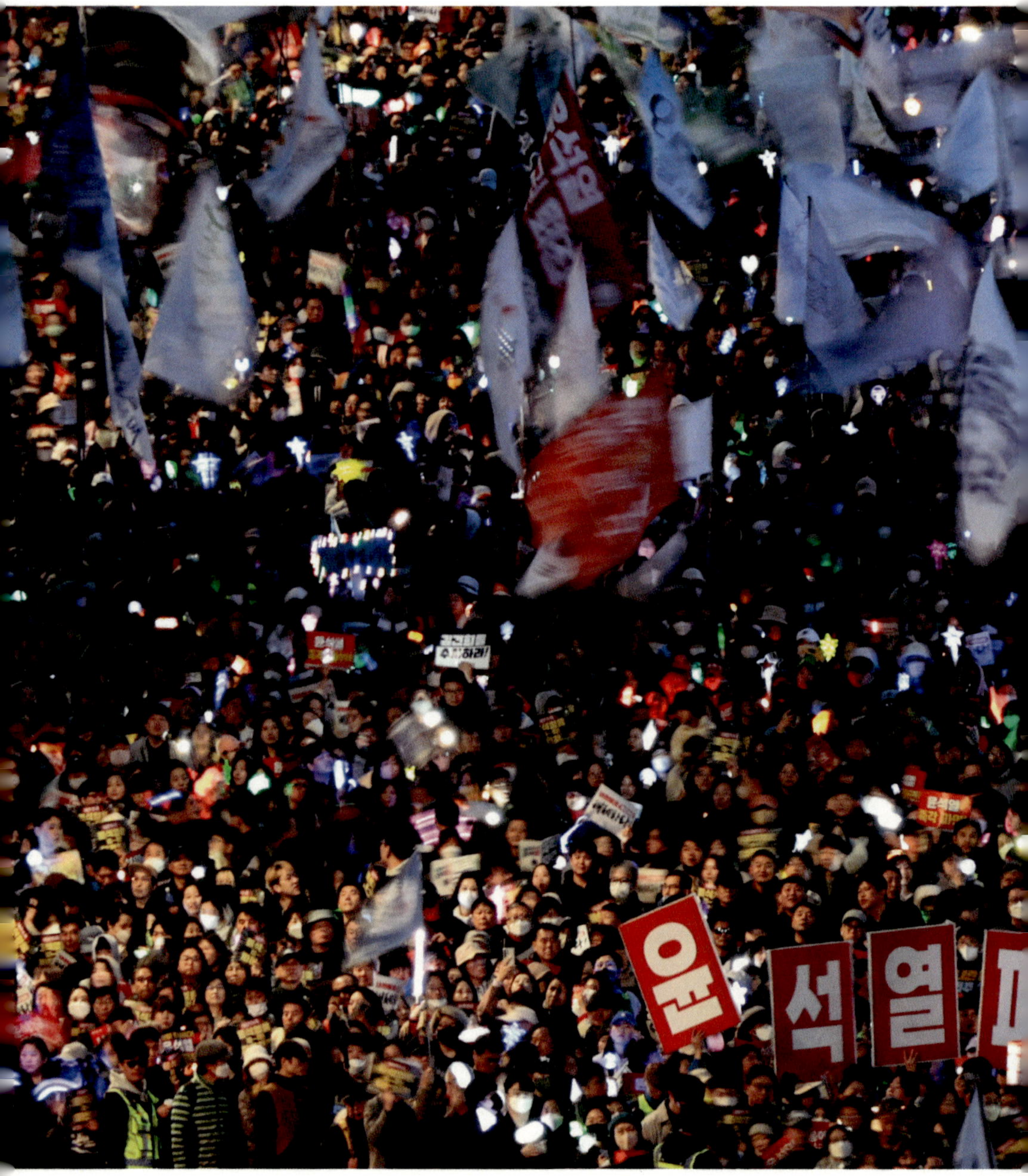
윤
석
열

# 에필로그

봄이 온 줄도 모르고 겨울에서 여름으로 넘어가 버렸습니다. 폭염 속에서 출간요청 메일을 수도 없이 보냈습니다. 한 출판사에서 이제 끝난 일이라고, 잘 마무리되었으니 굳이 기록할 필요가 있겠냐며 거절하더군요. 정말 그런가요? 끝난 일인가요? 잘(!) 마무리되었나요?

아직 끝난 일이 아니라고, 잘 마무리하기 위해 반드시 기록해야 한다고 손 내밀어주신 모두의책협동조합에 감사의 말씀을 드립니다.

왜 하필 덕후냐고 묻는 사람들이 있었습니다. 2030 여성을 지우는 거냐는 의심의 눈초리도 있었습니다. 그럴리가요. 제가 만난 사람들은 거의 다 2030 여성이었습니다. 다만 저는 사랑을 말하고 싶었던 것 같습니다. 사랑하는 마음은 확장된다는 것을요. 기꺼이 연루되겠다는 마음은 '정치적'이라는 것도요. 덕후는 좋아하는 마음의 힘을 믿는 사람들이거든요.

지금까지는 정의가 대의라는 신념과 단일대오로 짜여져 있었다면, 앞으로는 개인적이고 사소한 삶의 서사로부터 비롯될 것입니다. 더 느슨하고 자유롭게 '개인'으로 살다가 투쟁 속에서 잠시 '우리'가 되면서 더 민감하고 섬세하게, 더 낮고 깊게 뻗어나갈 것입니다.

거의 모든 인터뷰이가 세월호와 이태원을 언급했습니다. 부채감이 그들을 광장으로 이끌었다고 합니다. 너무 많은 죽음 앞에 부끄럽지 않기 위해, 1/n을 하며 살기 위해 자리를 지켰다고 합니다. 말 그대로 과거가 현재를 구했습니다. 참사를 겪은 모든 유가족 분들께 깊은 애도와 위로의 말씀을 드립니다. 고맙습니다. 정말 고맙습니다.

대선 결과, 4050들의 압도적 지지가 있었습니다. 내란심판과 민주주의에 대한 열망의 표현이었을 겁니다. 트위터에는 감사와 찬사의 말이 쏟아졌습니다. 저속노화를 꼭 실천해서 오래오래 투표해달라는 요청도 있었습니다. 나도 거기에 속한다는 사실에 입꼬리가 절로 올라갔습니다. 민주시민으로서 자부심이 생겼습니다. 더 많이 광장을 말하고, 마음을 내어주고, 손잡는 사람이 되고 싶어집니다. 바로 이런 자긍심을 사회에 전염시키는 것이 중요한 것 같습니다. 우리 스스로 돌봄과 연대의 물결을 만끽하는 것부터 시작해야겠습니다.

세계적인 극우화 현상이 한국에 뿌리내리지 않게 노력하는 것도 필요하겠지만, 어떻게 시민으로 주체화될 수 있었는지 광장의 시민들을 주목하는 게 우선되어야 합니다. 광장의 연대와 돌봄이 일상의 시민문화로 자리잡으면, 다양성을 존중하는 민주주의가 단단하게 뿌리내리면 극단적인 혐오를 일삼는 이들은 절로 쪼그라들 것입니다. 광장에서 우리는 그 희망을 보았잖아요. 광장을 열어준 전국의 모든 주최 측에 감사드립니다. 대전 광장을 열어준 분들에게는 특별한 애정과 감사를 보냅니다. 서울에 비해 규모가 작은 지역의 집회는 큰 의미를 부여하지 않는 경향이 있지만, 우리에게는 은하수네거리가 역사적 현장이자 다시 만날 세계였습니다.

마지막으로, 함께 시대적 파고를 넘어설 수 있게 해준 인터뷰이들에게 감사를 전합니다. 당신들 덕에 새로운 시대의 도래를 직관할 수 있었습니다. 당신들의 말을 적어 내려갈 수 있어서 진심으로 영광이었습니다. 감사합니다.

천둥 드림.

나의 파면 기념품

# 부록

x

· 24년 12월 17일

🇰🇷수많은 젊은이들이여 고맙고
감사합니다

무엇 하나 빠지지 않고 다 좋았습니다
그러나 가장 좋고 행복한 것은
우리 때와는 다르게 젊은 청년들이
구급차와 호송차가 아니라
버스와 전철을 타고 집에 가서 좋았고
눈물과 피가 아닌 웃음을 봐서 좋았습니다

YouTube 댓글 중에서

🎞: 영화 1987

0:06

無別事
@ilikesomeday

오늘 친구랑 얘기하다가. "난 일제시대에
태어났어도 독립운동 안했을 것 같았는데
요즘 생각이 달라졌어. 아마 했을 것 같아.
애국심 그런 게 아니라 빡쳐서. 내가
그런 취급을 받는 게 너무 모욕적이고
치욕스러워서. 요즘 그런 기분이야.
저 새끼가 저토록 기고만장한 게 너무
모욕적이야."

2025년 01월 03일 · 11:56 오후 · 조회수 946천회

16.7천 재게시물 461 인용

19.6천 마음에 들어요 1,123 북마크

코사노스트라 캘... · 24년 12월 23일

3. 역사 안에서 추위로 얼어붙은 몸을
녹이고 있는 젊은 여성을 어머니 정도의
연배로 보이는 분이 다가가 아무말 없이
한참을 그냥 안아줌 ㅠㅠ
4. 역사를 빠져 나왔는데 보급품(?)이 남아
돌아서 ㅋㅋ 이 사람 저사람이 핫팩
필요하신분~~ 외치고 다님.

코사노스트라 캘... · 24년 12월 23일

5. 자유발언들이 매우 매우 인상적이었음.
내용들은 말할 것도 없고 많이 떨릴텐데
그런 기색 하나 없이 본인들의 이야기를
너무나 당당하게 말을 잘해서 살짝 놀람.

코사노스트라 캘... · 24년 12월 23일

6. 제일 인상적인건 ... 사람들의 표정. 마음
속에는 다들 비장함과 분노를 한가득 안고
있을텐데 사람들이 다들 너무 밝음. 이
밝음은 지금의 싸움이 아무리 오래 간다고
해도 결국엔 이기게 하는 원동력이 될것
같음.

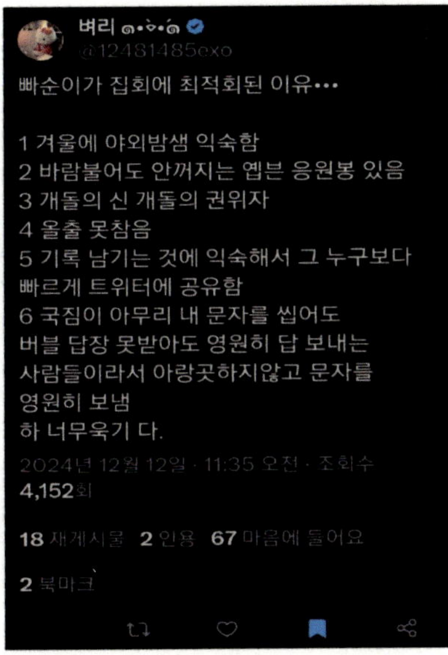


## 빠순이가 집회에 최적화된 이유

(관련한 트위터 글을 타래로 모았습니다.)

7. 빠수니는 콘서트 못 가면 라이브 스트리밍 결제해서 봐=집회 못 가도 라이브 본다는 말임

8. 고척돔 2만. 속일 걸 속여야지 =고척돔 기준으로 참가인원 몇 명인지 알아봄

9. 화장실 오래 참아야 할 때 떡은 수분을 잡아줌

10. 1열 본능. 어떻게든 무대 앞으로 달려감

11. 떼창에 익숙해서 구호를 적절히 집어넣음

12. 간식 나눔에 선봉

13. 자체 굿즈 만들던 솜씨로 응원봉 꾸미기

14. 기발하고 재치 있는 피켓, 전광판 만들기

15. 수많은 팬 중 한 마리 새우젓으로 머물기를 마다하지 않는 마음으로 수많은 불빛 중 하나로 머무는 것을 당연한 것으로 받아들임

16. 오지랖이 장난 아님. 행여 혼자 불태우고 있으면 오래 길게 보자며 워워 해준다. 이번 탄핵도 긴 싸움이니 애달복달하지 말라고 워워~

17. 뉴비가 오면 가르쳐주고 싶어 안달남.

18. 민중가요 추천 타래 등 온갖 타래가 있음.

19. 집회가 처음인 사람을 위해 준비물, 또는 집회 첫 경험 등을 나눠 심신의 안정을 줍니다.

20. 현세의 괴로움을 공연과 덕질에서 치유 받듯이 반헌법주의자들이 쏟아내는 더러운 말들을 광장에서 치유 받고 안정감을 느낄 수 있어요.

## 우리가 발명한 집회문화

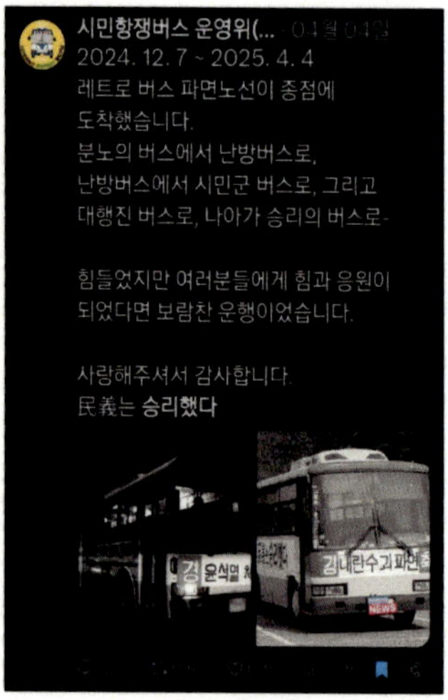


1. 응원봉! 가장 소중한 빛, 저항의 상징이 됨. 건설노동자는 경광봉과 헤드랜턴으로 참여

2. 커피· 식당 선결제 릴레이

3. 선결제 장소 어플 '시위도밥먹고'

4. 난방버스 (저체온증 예방과 핸드폰 충전까지)

5. 푸드트럭(4·16주먹밥/ 학교 급식노동자 탄핵어묵/ 서울의 봄 세대 쪽팔려서 쪽파전 등 )

6. 동자동 쪽방 주민들 떡 나눔

7. 서울교통공사 탄핵빵 나눔

8. 평등수칙과 시민발언 인사법(자신의 성정체성을 소개)

8. 서부지법 앞과 탄핵 불참 국회의원에게 근조 화환 보내기

9. 국민의힘 장례식, 근조피켓과 분향대, 윤석열 영정사진

10. 소녀시대 명곡'다시 만난 세계'가 광장의 노래로 자리매김

11. '탄핵이답이다' 캐롤(백자 님이 만든 거지만 다같이 즐김)

12. 국회 102 사이트(국회의원들의 투표결과와 이력, 본회의 출결 등을 확인할 수 있음)

13. 헌법재판소로 연하장 보내기 운동

14. '민주노총이 길을 열겠습니다!'로 시작된 연대 초대장

15. 키세스단의 탄생(은박담요를 덮고 은박요정으로)

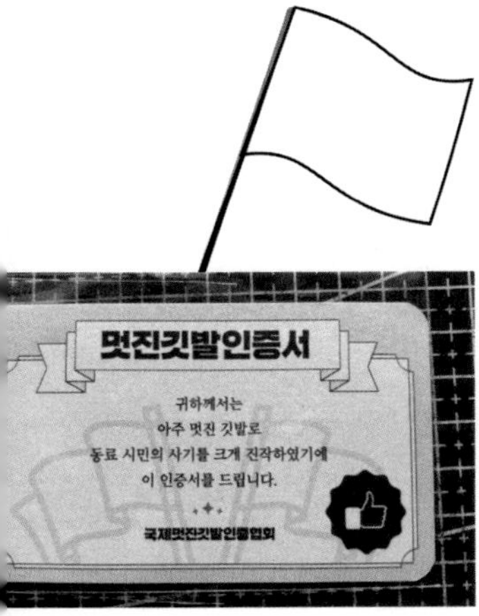


## 재미있는 덕후 깃발

응원봉연대, 덕후에게 덕질만 걱정할 자유를

트위터라 부르는 사람들

난공불락도 락이다, 무너지지 않는 시민연대

전국설명충연합회

인문학 붐은 온다

고양이 발톱 깎기 실패 집사 연대, 너는 20개나 있잖아 제발 하나만 ㅠㅠ

푸바오의 행복을 바라는 모임

비싸서 못먹겠다 평양냉면 가격인하 추진위원회

흰머리오목눈이 뱁새로 부르지 않기 위원회

무지개다리를 건넌 반려동물을 한없이 그리워하는 모임

이미선택된좌석입니다, 이선좌피해자연합

겸사겸사 세상을 구한 전국 밀레시안 협회

전국 홈 가드너 연합, 집에서 식물 키우는 사람들

원고하다 뛰쳐나온 로판 작가 모임회

날아다니는 스파게티 괴물연맹

강아지 발냄새 연구회

웹소작가 마감하기도 급한데, # 권력남의 순정이 웬말이냐!

대한 공룡 덕후 연합

원조 붉은 피순대 국밥 연합

스타워즈 저항군 서울지부

전국 해달은 수달이 아니야 협회

굿즈 과소비 연합

전국 콜드플레이 예매 성공자 연합

책 읽다가 뛰쳐나온 활자 중독자 모임, 책 안 읽으면 저렇게 됨

전국 K-POP 미당첨 연합

"우리는 폭력의 시대를 살아서 그런지 폭력에 민감하지 않은 것 같아."

"왜?"

"계엄군들이 국회에 난입했을 때 나는 걔들이 왜 저렇게 소극적이지?

의아한 정도였는데, 젊은이들은 국회에 군인이 난입한다고?

그게 말이 돼? 분노를 느끼더라고.

그러니까 나는 폭력을 보고도 폭력인 줄 모른 거야. 폭력적인 시대를

살아와서 으레 그런 줄 안 거야.

심지어 모욕감을 느낀다잖아."

"맞아, 그랬지… 우리 이제 역사의 뒤안길로 물러나야 할 때가 왔나 봐."

"그래도 오래오래 살라잖아. 투표 잘한다고. 난 오늘부터 운동할 거야.

건강하게 살아서 다시 만날 세계 꼭 보고 말 거야."

"나도, 나도."

1열 본능 덕후들의 민주시민 입문기

# FROM FANDOM TO FREEDOM

팬덤에서 자유로

---

**펴낸날** 2025년 9월 30일
**글쓴이** 천둥

**만든곳** 모두의책
**등록번호** 제 25100-2015-000001호
**주 소** 대전광역시 중구 문창로 37
**전 화** (042)223-1507 / **FAX** (042)716-1515
**홈페이지** www.modubook.kr
**E-mail** modubook@modubook.kr

**ISBN** 979-11-92919-24-9

* 책값은 뒷표지에 있습니다.

* 잘못된 책은 구입처에서 교환해 드립니다.